和数学家一起学数学

几何与证明入门

朱梅俊 著

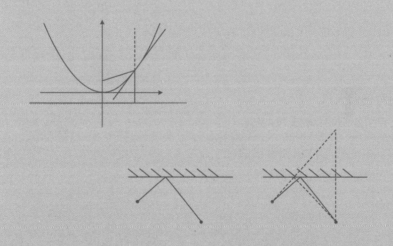

中国科学技术大学出版社

内 容 简 介

本书从比例关系开始,介绍一维、二维几何量;从线段之间的关系开始介绍数学里的四类证明,并将四类证明用于几何形状的全等、相似以及圆周及其相关线段的学习中;最后还介绍融合代数与几何关系的圆锥曲线、向量运算等.

本书适合小学高年级、中学生及其家长阅读,也可作为中学数学教师的参考书.

图书在版编目(CIP)数据

几何与证明入门/朱梅俊著. ——合肥:中国科学技术大学出版社,2022.7(2024.7重印)

(和数学家一起学数学)

ISBN 978-7-312-05450-1

Ⅰ.几… Ⅱ.朱… Ⅲ.平面几何—中学—教学参考资料 Ⅳ.G634.633

中国版本图书馆 CIP 数据核字(2022)第 096546 号

几何与证明入门

JIHE YU ZHENGMING RUMEN

出版	中国科学技术大学出版社
	安徽省合肥市金寨路 96 号,230026
	http://www.press.ustc.edu.cn
	https://zgkxjsdxcbs.tmall.com
印刷	安徽国文彩印有限公司
发行	中国科学技术大学出版社
开本	710 mm×1000 mm 1/16
印张	8
字数	101 千
版次	2022 年 7 月第 1 版
印次	2024 年 7 月第 3 次印刷
定价	34.00 元

序

这本书首先是为那些完成了基本代数训练而开始几何学习的学生写的．它也适合其他的孩子自己学习初等几何和证明．我们的目的是希望学生在已掌握了基本的代数概念和运算技巧的基础上，能系统、有效地学习几何与证明．这些几何与证明的训练会让学生在随后的数学学习（比如三角函数乃至微积分）中游刃有余，也会对他们学习其他的理科（比如计算机、物理、统计、金融等等）有非常大的帮助．

在你准备阅读这本书之前，我们希望你：（1）熟悉算术与多项式的代数运算；（2）懂得根式及相关运算（比如分母有理化）；（3）充满好奇心及挑战心．当然百折不挠的韧性在读这本书时尤为重要．毋庸置疑，一些数学的论证需要学生反复阅读和思考．毕竟，平面几何及数学论证的发展从欧几里得的《几何原本》算起就有 2000 多年了．同《代数与计算入门》有所不同，这本书的每个章节都相对较长．

我们首先温习了代数里学过的分数及比例关系，并介绍了坐标系．一维的几何量，比如长度和角度也在这里引入．对几何形状的面积也给了严格的定义（当然这也是依赖于初等数学的基本假设）．

在第 2 章中，我们介绍了角度，尤其是由三条直线产生的角的关系．我们第一次严格地叙述了四种常见的数学论证方法．欧几里得的几何公理也在这一章引入．随后，我们介绍了多边形并论证了多边形的外角和公式．在这里，大家也许能懂得为什么几何大师陈省身始终强调多边形的外角和是个几何常数 360°．

在第 3 章、第 4 章中我们讨论了三角形之间的关系．我们首先讨论了三角形全等（congruence）的定义和判定；作为应用，我们推导了著名的三角不等式，以及一个反射原理（例 3.4）．这个反射原理后面也会用来推导其他圆锥曲线（比如椭圆）的反射原理．这些反射原理在生活中的应用例子比比皆是．随后，我们讨论了三角形的相似．研究三角形的相似及其比例关系使得我们可以证明直角三角形的毕达哥拉斯定理（我们习惯上称之为勾股定理）——人类文明史上的伟大发现之一（从此，人类可以计算空间任意两个点的距离）．三角形的相似性质也使得我们可以引入三角函数的概念——在以后的理科学习中你们会发现：如果没有三角函数，那数码世界将是一片漆黑！

在第 5 章中，我们学习了关于圆周的一些基本性质，并由此定义了一般的三角函数．作为最完美的几何图形，我们有关于圆周的非常多的性质．大家在将来的学习中可能会见识到（比如等周不等式以及关于狄多公主（Princess Dido）的传说）．

在学习了平面几何的以上基本知识以后，我们从第 6 章开始努力将几何和代数联系起来．我们首次大胆地引入向量的概念（比一般的初等数学教程大胆，但是数学上也很自然．我们预测别的教程以后也会这样安排）．代数上，我们没有任何困难就可以引入向量的加法和数乘；几何上，我们可以在坐标系里"看"见两个向量是如何相加的．这些几何的直观以前都是学生们在学习物理中的力学部分时才能感受到的——作者到现在（在写这本书之前）都没懂：为什么数学书中没有介绍这些知识？这一章的另外一个关键的概念——内积，也是统计、数据学习以及人工智能的基础．内积的概念使得人类可以

"训练"机器来"看"两个向量的角度. 内积之所以可以用来计算两个向量的夹角当然归功于柯西-施瓦茨不等式（Cauchy-Schwarz inequality）. 在这一章里我们也用向量的表达（完全不同于以往的教材）来推导出直线方程. 这样的推导过程当然是和高维空间里的超平面方程的推导是一样的. 复数的运算及复数在复平面上的表达也在这章里被介绍. 我们也给出了著名的欧拉公式及棣莫弗公式. 虽然没有办法在这里给出这两个公式的证明，但我们给出例子来介绍如何运用它们在复数域里解多项式方程.

第7章、第8章的内容要难一些. 事实上，很多国家的中学数学已经不包括圆锥曲线了. 作者始终觉得：圆锥曲线不是学生学习的难点. 学生觉得学圆锥曲线有困难主要是因为他们的代数运算的训练没有跟上. 代数训练跟上了，为什么不能让学生们来研究、享受这些美妙的几何图形呢？最后一章我们介绍了矩阵运算及它在解线性方程组中的应用. 越来越多的统计概念被引入中学数学教材，然而矩阵计算的训练却完全被忽视也是作者的困惑. 当然，在这章里我们也介绍了两组数据（两个高维向量）相关性（correlation）的数学含义.

我们坚信接受过我们代数训练的学生或者初一以上的学生能自己读懂整本书. 我们也列出书中的内容及所对应的学生年龄：

第1章（比例关系） 适合所有12岁及12岁以上的学生及其家长.

第2章（角度和线段） 适合所有12岁及12岁以上的学生及其家长.

第3章（三角形之间的关系（Ⅰ）） 适合所有13岁及13岁以上的学生及其家长.

第4章（三角形之间的关系（Ⅱ）） 适合所有13岁及13岁以上的学生及其家长.

第5章（圆周） 适合所有13岁及13岁以上的学生及其家长.

第6章（代数与几何） 适合所有14岁及14岁以上的学生及其家长.

第7章（圆锥曲线） 适合所有15岁及15岁以上的学生及其家长.

第8章（矩阵） 适合所有15岁及15岁以上的学生及其家长.

在书的最后我们选入了纪伯伦的《致孩子》这首诗，鼓励家长让孩子自己自由、大胆地成长.

本书是专为中学生和大学新生撰写的. 感谢我的太太对我无私的默默奉献.

目　　录

序 ……………………………………………（ⅰ）

第 1 章　比例关系 …………………………（001）
1.1　代数里的比例关系 ……………………（001）
1.2　现实世界里的比例关系 ………………（002）
1.3　数轴和笛卡儿坐标系 …………………（004）
1.4　几何形状及其中的比例关系（长度、
　　　角度及面积）………………………（005）
1.5　深度阅读：圆的面积和圆周率 ………（012）
习题 1 …………………………………………（012）

第 2 章　角度与线段 ………………………（014）
2.1　直线 ……………………………………（014）
2.2　直线之间的角度及角度关系 …………（014）
2.3　数学里的论证 …………………………（015）
2.4　欧几里得公理 …………………………（021）
2.5　几何形状：三角形与多边形 …………（024）
习题 2 …………………………………………（028）

第 3 章　三角形之间的关系（Ⅰ）：全等 …（029）
3.1　全等的定义 ……………………………（029）
3.2　两个三角形的全等：对应量 …………（030）

3.3 两个三角形的全等：判定 ·············· (031)
3.3 两个三角形全等的应用 ··············· (034)
3.5 深度阅读：边角边及角角边全等
    判定定理 ···························· (037)
习题 3 ···································· (038)

第 4 章 三角形之间的关系（Ⅱ）：相似 ········ (040)
4.1 相似三角形 ·························· (040)
4.2 直角三角形 ·························· (045)
4.3 三角函数的定义 ······················ (049)
4.4 三角形正弦和余弦定理 ················ (050)
习题 4 ···································· (052)

第 5 章 圆（圆周） ······················· (055)
5.1 圆 ···································· (055)
5.2 圆周的几何性质 ······················ (056)
5.3 一般三角函数 ························ (060)
5.4 深度阅读：三角函数的性质 ············ (062)
习题 5 ···································· (063)

第 6 章 几何与代数 ······················· (065)
6.1 向量 ·································· (065)
6.2 内积 ·································· (069)
6.3 直线方程 ····························· (072)
6.4 圆的方程 ····························· (075)
6.5 参数方程及向量函数 ·················· (076)
6.6 复数的再次引入 ······················ (077)
6.7 深度阅读：广义的内积与柯西-施瓦茨
    不等式 ······························· (083)
习题 6 ···································· (085)

第 7 章 圆锥曲线 ························· (087)
7.1 二次多项式方程与圆锥曲线 ············ (087)

7.2 椭圆 …………………………………… (088)
7.3 抛物线 ………………………………… (091)
7.4 双曲线 ………………………………… (094)
习题 7 …………………………………… (096)

第 8 章 矩阵简介 ………………………… (097)
8.1 矩阵 …………………………………… (097)
8.2 线性方程组 …………………………… (104)
8.3 平面向量的一般内积 ………………… (105)
8.4 深度阅读：内积在统计中的应用
　　——无关，还是相关？ …………… (106)
习题 8 …………………………………… (108)

附录　致孩子 ……………………………… (111)

索引 ………………………………………… (113)

第 1 章
比例关系

本 章 要 点

- 比例关系
- 平均速度
- 坐标系
- 长度
- 圆周率
- 角度
- 面积

1.1 代数里的比例关系

我们在学代数入门时已经了解了分数的定义：

$$\frac{n}{m} = n \times \frac{1}{m} = n \div m$$

定义 1.1（比例关系式）

数 n 与非零数 m 的比例 $n:m$ 定义为

$$n:m = \frac{n}{m}$$

例 1.1 化简 3 和 9 的比例

$$3:9$$

解

$$3 : 9 = \frac{3}{9} \quad \text{(定义)}$$

$$= \frac{1}{3} \quad \text{(化简)}$$

$$= 1 : 3 \quad \text{(答案写成比例形式)}$$

人们有时也习惯说 n 和 m 的比例是 n 比 m. 3 与 9 的比例是 3 比 9，化简后就是 1 比 3.

例 1.2 化简 $x+1$ 和 $4x+4$ ($x \neq -1$) 的比例：

$$(x+1) : (4x+4)$$

你要是没看清楚就会讲 $x+1$ 和 $4x+4$ 的比例就是 $x+1$ 比 $4x+4$. 那么，这个比例真的这么复杂吗？我们来仔细看看：

解

$$(x+1) : (4x+4) = \frac{x+1}{4x+4} \quad \text{(定义)}$$

$$= \frac{x+1}{4(x+1)} \quad \text{(因式分解)}$$

$$= \frac{1}{4} \quad \text{(化简)}$$

$$= 1 : 4 \quad \text{(答案写成比例形式)}$$

显然，1 比 4 的比例关系要简单明了得多.

1.2 现实世界里的比例关系

比例关系与其说是个数学概念，不如说是个现实生活中常用的名词. 比方你去买巧克力：你会发现不管你买多少巧克力(要买的哦，否则没得比)，你花的钱同巧克力的质量有个固定的比例关系. 这个比例关系人们习惯称为单价：

$$\frac{买巧克力花的总钱数(单位：元)}{巧克力的总质量(单位：千克)}$$
$$=巧克力的单价 \quad (单位：元/千克)$$

元/千克读作元每千克.

还有一个比较常见的比例关系就是平均速度的定义：

$$\frac{行进的总路程(单位：米)}{所用的总时间(单位：秒)}=平均速度 \quad (单位：米/秒)$$

✎ **练习 1.1**

你能给出另外三个速度单位吗？

当然还有一个大家常见的比例应用：GPS 上的地图. 因为尺寸的关系, 有时我们可以用 GPS 上的 1 厘米距离来表示 10 千米的实际距离. 我们可以用 $1:10^6$ 来表示这个比例关系. 要是计算 GPS 上给定 x 厘米的实际距离 d 厘米, 我们可以从

$$x:d = 1:10^6$$

这个比例等式中得到：

$$d = 10^6 \times x$$

例 1.3 晓媛的爸爸从合肥开车去北京. 他爸爸开车的平均速度是 90 千米/时. 从合肥到北京他总共花了 11 小时, 但是他中间总共休息了 1.5 小时. 晓媛的爸爸总共行驶了多少千米？

大家要小心读懂：晓媛的爸爸总共开了多长时间车.

解 首先我们读懂：

晓媛的爸爸总共开车的时间 = 总时间 − 休息的时间
$$= 11 - 1.5$$
$$= 9.5 \quad (小时)$$

所以

行车距离 = 开车时间 × 平均速度
$$= 9.5 \times 90$$
$$= 855 \quad (千米)$$

1.3 数轴和笛卡儿坐标系

比例关系在我们画一维数轴和二维笛卡儿坐标系时已经用到. 比如画一维数轴. 我们说数轴上要有原点、有方向(用箭头表示), 还有单位长度 1 (图 1.1).

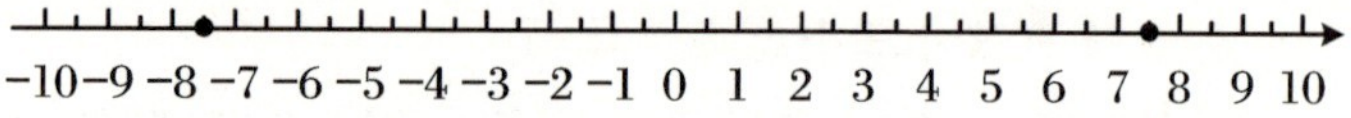

```
←——•———————————————————•——→
 -10-9-8-7-6-5-4-3-2-1 0 1 2 3 4 5 6 7 8 9 10
```

图 1.1 数轴(有原点, 有方向, 还有单位长度)

假如数轴上 1 个单位代表 10 千米, 那么 3 个单位就代表 30 千米. 一般地, a 个单位和它所代表的长度 b 的比例是个常数:

$$b : a = 常数$$

平面上有比横向直线多一个垂直的方向. 据此, 我们可以画两条垂直的数轴. 它们的交点叫作原点, 每条数轴上标上正方向(用箭头表示)及单位长度 1. 整个系统习惯上称为笛卡儿坐标系(Cartesian coordinate system).

坐标系里的点用两个有序的数来表示, 第一个数叫作 x 坐标——代表点到 y 轴的正或负的距离, 第二个数叫作 y 坐标——代表点到 x 轴的正或负的距离. 如图 1.2 中点 $A(2, 3)$, 它到 y 轴的距离是 2, 到 x 轴的距离是 3. 在以后的学习中, 我们有时会用坐标系把一个几何问题代数化(也称之为解析几何). 比如后面要讲到的直线方程、圆周方程、圆锥曲线方程等等.

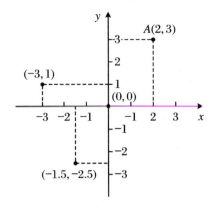

图 1.2 笛卡儿坐标系(有原点，有 x，y 方向，还有单位长度)

1.4 几何形状及其中的比例关系(长度、角度及面积)

常见的几何形状(图 1.3)有直线(比如针的形状)、曲线(比如跳绳的形状)、三角形(比如三角尺的形状)、四边形(比如书本的形状)，还有圆形(比如硬币的形状).

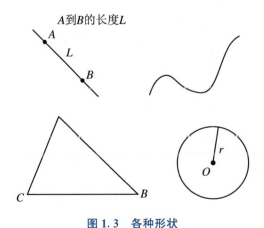

图 1.3 各种形状

人们希望了解一些几何形状的基本特征，并由此可以更好地懂得自然规律并加以运用. 当然, 一些几何形状还有某些美妙特征, 这些特征有的已在实际生活中得到广泛的应用, 比如后面我们会解释为什么音乐剧场会做成椭圆形(见 7.2.3 小节); 汽车的后视镜会做成抛物形(见 7.3.1 小节).

平面几何形状的基本特征包括: (1) 长度及角度(一维特征, 线性比例关系); (2) 面积(二维特征, 平方比例关系).

1.4.1 长度

直线上两点距离无非就是同一个给定长度尺度的比例关系. 距离单位也就是给定长度尺度的单位.

> **定义 1.2（直线、线段和射线）**
>
> 直线是点沿着一个固定方向及其反方向的无限延伸. 直线上两点之间的所有点组成的集合叫作连接两点的线段; 这两个点称为线段的两个端点. 直线上的一点将直线分为两条由这点出发的射线, 这个点称为射线的端点. 线段的长度就是两端点之间的距离.

有了线段的长度, 我们就很容易定义多边形每个边(是一个线段)的边长: 两个顶点(线段的端点)间的距离. 多边形的周长定义为各边长的总和.

有难度的是如何定义圆周的周长(圆周的严格定义书的后面会给出). 注意到圆的周长与直径是成比例的(这在学习了相似形以后更好理解):

$$\frac{\text{直径是 } 2r \text{ 的圆的周长}}{\text{圆周的直径 } 2r} = \text{常数}$$

> **定义 1.3（圆周率）**
>
> 我们称一个圆的周长同它的直径的比例常数为圆周率, 并用 π 来表示.

由这个定义, 我们得到计算半径是 r 的圆的周长公式：
$$\text{半径是 } r \text{ 的圆的周长} = 2\pi r \qquad (1.1)$$

那么 π 的值是多少呢？我国古代数学家祖冲之使用正多边形逼近的办法对 π 的值做过很好的估计．现代数学的发展引出了更好计算 π 的公式（比如有名的欧拉公式，在我们讲级数时会提到）．大致地讲，
$$\pi = 3.1415926\cdots$$
为简便起见，人们一般会取 π≈3.14．关于 π 有很多有趣的故事，比如数学家能证明 π 是一个无理数，所以很多人把背诵 π 的值作为消遣．

1.4.2 角度

我们用圆周来介绍角度．首先，我们定义一个圆周的角度是 360°（360 度）：

为什么用 360°，而不用 100°？有各种解释：大致的猜测是古巴比伦人（现伊拉克境内）用的是 60 进制．同时大家也知道一年（一个周期）大致是 360 天．

把圆周分一半，我们就知道这一半的角度就是 180°，把圆周平分四份，每份的角度就是 90°，把圆周平分 360 份，每份的角度就是 1°．习惯上，我们称小于 90°的角为锐角（acute angle，图 1.4 中角 A），称大于 90°但小于 180°的角为钝角（obtuse angle，图 1.4 中角 B），称 90°的角为直角（right angle），称 180°的角为平角（straight angle，图 1.4 中角 C）．

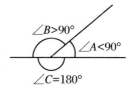

图 1.4 锐角、钝角及平角

我们看到角度最终与两条从一点出发的射线有关，所以我们也就定义了两条射线所夹的角度．比如 90°是两条垂直射线的角度，180°是两条相反方向射线的角度．

可以看出，角度 360°，180° 及 90° 比较特殊：它们分别代表一个圆周角、半个圆周角及 $\frac{1}{4}$ 个圆周角．角度 45°，60° 及 30° 也比较特殊：它们分别代表 $\frac{1}{8}$ 个圆周角、$\frac{1}{6}$ 个圆周角及 $\frac{1}{12}$ 个圆周角．

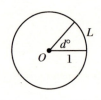

图 1.5 弧度的定义

另一种计算角度的办法叫弧度（radian，图 1.5）。我们是从圆周来定义角度的，现在再回到圆周。为方便起见，我们用半径是 1 的圆周（我们常常称之为单位圆周）。那么对于给定角度 $d°$，圆弧长度 L 与角度 $d°$ 有一个比例关系：

$$\frac{L}{d} = \frac{2\pi}{360}$$

所以我们有换算关系：

> **定理 1.1**（弧度与角度的换算关系）
>
> $$L = \frac{d}{360} \times 2\pi, \quad d = \frac{L}{2\pi} \times 360$$

例 1.4 将 $180°$ 换算成弧度；将 $\frac{\pi}{4}$ 弧度换算成角度.

解 首先，

$$\frac{180°}{360°} \times 2\pi = \pi$$

所以 $180° = \pi$ 弧度.

其次，

$$\frac{\frac{\pi}{4}}{2\pi} \times 360° = \frac{1}{8} \times 360° = 45°$$

所以 $\frac{\pi}{4} = 45°$. □

✎ **练习 1.2**

将如下角度换算成弧度：

$360°, \quad 270°, \quad 90°, \quad 60°, \quad 135°, \quad 30°$

1.4.3 面积

我们也可以用比例关系来计算面积. 首先我们给出面积的定义.

> **定义 1.4**（单位正方形面积）
>
> 我们定义长和宽为 1 个单位的正方形的面积为 1 个平方单位.

例 1.5　长和宽为 1 米的正方形面积是 1 平方米（m^2），长和宽为 1 千米的正方形面积是 1 平方千米（km^2）.

假如 n,m 是两个正整数，那么长为 n 个单位、宽为 m 个单位的长方形就是由 $n\times m$ 个长和宽为 1 个单位的正方形所组成的，所以它的面积是 $n\times m$ 个平方单位.

反过来看：$n\times m$ 个长为 $\frac{1}{n}$ 个单位、宽为 $\frac{1}{m}$ 个单位的长方形组成一个长和宽为 1 个单位的正方形，所以长为 $\frac{1}{n}$ 个单位、宽为 $\frac{1}{m}$ 个单位的长方形的面积是 $\frac{1}{n}\times\frac{1}{m}=\frac{1}{nm}$ 个平方单位.

使用以上拼接的办法，我们可以计算长为 L（L 是有理数）个单位、宽为 W（W 是有理数）个单位的长方形面积：长方形面积 $=LW$．那么由初等数学的基本假设(参见《代数与计算入门》规律 10.2)，我们得到：

定理 1.2（长方形的面积公式）

长为 L 个单位、宽为 W 个单位的长方形面积 A 为
$$A=LW\quad(单位^2)$$

例 1.6　长为 2 米、宽为 8 米的长方形面积是 16 平方米． □

例 1.7　求长为 1 千米、宽为 12 米的长方形面积.

解　计算面积时我们要求长和宽的单位要统一（想一想：为什么？）：长方形的长 $=1$ 千米 $=1000$ 米．所以
$$长方形的面积=1000\text{ 米}\times 12\text{ 米}$$
$$=12000\text{ 平方米}\quad □$$

✎ 练习 1.3

换算：1 平方千米是多少平方米？

有了计算长方形的面积公式，我们很容易得到计算

平行四边形(两两对边平行的四边形)的面积公式.

假设平行四边形的长为 L 个单位,高为 h 个单位. 如图 1.6 所示,我们将阴影部分裁下补到右边,就会得到一个长为 L 个单位、高为 h 个单位的长方形(我们在后面习题 3 第 2 题中会有严格的证明). 所以我们有计算平行四边形的面积公式.

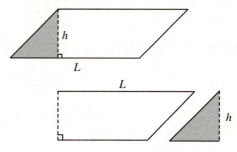

图 1.6　平行四边形的面积

定理 1.3（平行四边形的面积公式）

长为 L 个单位、高为 h 个单位的平行四边形的面积 A 为

$$A = Lh \quad (单位^2)$$

同样,我们得到三角形及梯形的面积公式(图 1.7).

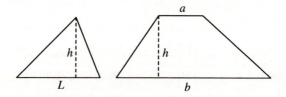

图 1.7　三角形及梯形的面积

定理 1.4（三角形的面积公式）

底边长为 L 个单位、高为 h 个单位的三角形的面积 A 为

$$A = \frac{1}{2}Lh \quad (单位^2)$$

定理 1.5（梯形的面积公式）

下底长为 a 个单位、上底长为 b 个单位、高为 h 个单位的梯形的面积 A 为
$$A = \frac{(a+b)h}{2} \quad （单位^2）$$

最后我们来看圆的面积．我们首先来解释 π 的另一个含义：π 是半径为 1 的圆的面积．用圆内接正多边形的面积来逼近圆的面积，那么由面积的定义及相似性质我们能够说明：面积与半径平方的比例是常数 π．因此我们有：

定理 1.6（半径为 r 的圆的面积）

半径为 r 个单位的圆的面积 A 为
$$A = \pi r^2 \quad （单位^2）$$

那么这样的 π 同我们的圆周率 π 是不是一样的呢？我们将在深度阅读里解释．

1.4.4 体积的公式

我们也可以定义 1 个单位长度的正方体的体积为 1 个立方单位，然后用分割的方法来得到一般长方体的体积．这个思想比较古老，我们不再去纠结细节．

我的笔记　　　**日期：**

1.5 深度阅读：圆的面积和圆周率

在这一章里，我们先定义了 π 是圆周长与直径的比率（所以 π 也称为圆周率）；然后又说 π 是单位圆的面积．这两个是同一个值吗？我们借用"微分"的思想来说明单位圆的面积 π 就是圆周率 π．

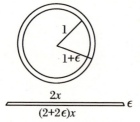

假设单位圆的面积是 π．由定理 1.6，我们知道半径是 $1+\epsilon$ 的圆的面积是 $(1+\epsilon)^2\pi$（ϵ 是一个很小的正数）．那么半径是 $1+\epsilon$ 的圆去掉半径是 1 的圆而得到的圆壳的面积是

$$(1+\epsilon)^2\pi - \pi = 2\epsilon\pi + \epsilon^2\pi$$

图 1.8 圆周率与 π

我们把这个圆壳展开（想象这是一个纸带，我们剪下它，尽量放平），就会得到一个近似于一个梯形的形状，它的上边是里面的圆周长——$2x$（先用 x 代表圆周率），它的下边是外面的圆周长——$(2+2\epsilon)x$．所以它的面积就非常近似于

$$\frac{[2x+(2+2\epsilon)x]\cdot\epsilon}{2} = 2\epsilon x + \epsilon^2 x$$

比较上面算出的圆壳的两个面积，我们就可以看出 $\pi = x$．也就是说，单位圆的面积就是圆周率．

   习 题 1

1. 计算下面的比例关系：

(1) 假如 $a:b = 3:4$，且 $a = 4$，那么 b 是多少？

(2) 假如 $a:b = 7:10$，且 $b = 4$，那么 a 是多少？

(3) $(2\pi) : \dfrac{\pi}{2}$ 是多少？

(4) 假如 $a:b = 3:4$，$x:y = 3:4$，并且 $y+b \neq 0$，那么 $(x+a):(y+b)$ 是多少？

2. 举几个与生活有关的例子:

(1) 试举一个生活中的 2 进制系统.

(2) 试举一个生活中的 7 进制系统.

(3) 试举一个生活中的 12 进制系统.

3. 如图所示,圆内切于边长为 5 的正方形.

(1) 计算圆的周长.

(2) 计算正方形的面积和圆的面积的差.

4. 如图所示,长方形 ABCD 中有一点 E. 假设 △ABE 的面积是 4.5,△DCE 的面积是 5.5.

(1) 计算长方形 ABCD 的面积.

(2) 长方形 ABCD 最短的周长会是多少(学习过第 2 章的证明后再来说明原因)?

(3) 假如我们还知道△BCE 的面积是 5,那么△ADE 的面积是多少?这个时候你能确定长方形 ABCD 的周长吗?

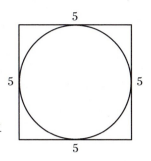

题 3 图

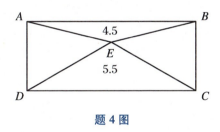

题 4 图

第 2 章
角度与线段

本章要点

- 直线、射线及线段间的角度
- 数学里的四种证明
- 平行角度关系
- 多边形的外角和
- 位置角
- 平角及补角
- 欧几里得公理
- 多边形的周长及面积

2.1 直线

两条无限延伸的直线如果没有交点就称为平行直线.

2.2 直线之间的角度及角度关系

我们在前一章中已经定义了线段、射线和直线. 这里我们着重介绍它们之间的角度.

两条射线之间的角度在上一章中已经定义过. 两条

相交直线（不平行的直线）有很多角度，比如图 2.1 中的 ∠AOB，∠AOC，∠BOD，∠COD，以及 ∠AOD 和 ∠BOC. 我们称 ∠AOB 和 ∠COD 互为对顶角（vertical angle），∠AOC 和 ∠BOD 互为对顶角.

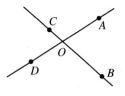

图 2.1　射线里的角

由角度的定义，我们知道 ∠AOD = 180° 和 ∠BOC = 180°，也就是，它们都是平角.

> **定义 2.1（平角及补角）**
>
> 我们称一个 180° 的角为平角；我们称两个加起来角度为 180° 的角互为补角（supplementary angle）.

例 2.1　在图 2.1 中，∠AOD 和 ∠BOC 是平角；∠AOB 和 ∠BOD 互为补角；∠AOB 和 ∠AOC 互为补角.

假如我们有三条线（图 2.2），我们也可以定义如下角的关系.

> **定义 2.2（位置角的关系）**
>
> 在图 2.2 中，∠1 和 ∠5、∠4 和 ∠8、∠2 和 ∠6、∠3 和 ∠7 称为同位角（corresponding angles）；∠4 和 ∠5、∠3 和 ∠6 称为同旁内角（consecutive interior angles）；∠4 和 ∠6、∠3 和 ∠5 称为内错角（alternative interior angles）.

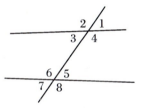

图 2.2　线段之间的角

从图 2.1 中，大家也许能看出：对顶角 AOB 和 COD 应该相等，对顶角 AOC 和 BOD 也应该相等. 这是对的吗？要回答这个问题，我们来引入严格的逻辑证明.

2.3　数学里的论证

数学证明是指从已知的定义、公理、定理，通过逻辑关系来得到新的定理和结论.

数学里的定义、公理及定理一般由命题(statement)给出. 比如,"3 是个自然数""$12 \div 2 = 6$""$x = -1$"等等都是命题. 并非所有的命题都是正确的. 比如,"$x^2 < -1$"对所有的实数 x 都是不对的.

常见的数学证明方法有如下四种:(1)直接证明(direct proof);(2)逆反命题的证明(proof by contraposition);(3)反证法(proof by contradiction);(4)数学归纳法(proof by mathematical induction). 我们这里一一举例来学习.

2.3.1 证明的概念及直接证明

直接证明一般是指从已知的正确命题,使用数学里的公理、定理来得到新的正确命题.

例 2.2 婉芸比她妈妈的体重轻. 证明婉芸抱着小狗的总体重比妈妈抱着同一只小狗的总体重要轻.

证明 为了叙述简便,我们记:婉芸的体重为 W,妈妈的体重为 Q,小狗的体重为 L. 从已知的命题(习惯上我们称之为已知条件),我们知道

$$W < Q$$

所以,由不等式的相加不变性(比如,参见《代数与计算入门》中的规律 13.1),我们得到

$$W + L < Q + L$$

转换成文字就是:婉芸抱着小狗的总体重比妈妈抱着同一只小狗的总体重要轻. □

假如你从条件推出婉芸加上小狗的高度比妈妈加上小狗的高度要矮,那推导过程就一定会出问题.

下面的例子在代数里会经常用,我们把它列为一个定理.

定理 2.1(平方不等式)

假设 $0 \leqslant x \leqslant y$,那么

$$x^2 \leqslant y^2$$

证明 由于 $x \leqslant y$，且 x 和 y 都是非负数，所以我们得到
$$x^2 \leqslant xy, \quad xy \leqslant y^2$$
从而由不等式的传递性（比如，参考《代数与计算入门》中的规律 13.4），我们得到
$$x^2 \leqslant y^2 \qquad \square$$

我们再举一个不等式证明的例子.

例 2.3 证明：对所有的实数 x 和 y，有
$$x^2 + y^2 \geqslant 2xy$$

证明 从不等式的性质，我们知道任何实数的平方是一个非负值. 所以，对所有的实数 x 和 y，有
$$(x-y)^2 \geqslant 0$$
我们将左边式子展开，可得
$$x^2 - 2xy + y^2 \geqslant 0$$
在不等式的两边同时加上 $2xy$，不等号不变. 所以得到
$$x^2 + y^2 \geqslant 2xy \qquad \square$$

这里，我们想试图解释一下为什么有些学生不喜欢读数学的证明. 最困惑学生的无非是：怎么想到从 $(x-y)^2 \geqslant 0$ 出发来证明上面的不等式.

事实上，要证例 2.3 里的不等式，人们一般会去尝试几下. 大致的思路如下：
$$x^2 + y^2 \geqslant 2xy$$
等价于（要搞清楚为什么）
$$x^2 - 2xy + y^2 \geqslant 0$$
即等价于（也要搞清楚为什么）
$$(x-y)^2 \geqslant 0$$
我们注意到最后一个不等式是正确的（还是要搞清楚为什么），由此反推第一个不等式也是正确的——这正是我们的证明过程.

最后我们来证下面的定理（它看上去"显然"应该是对的）.

> **定理 2.2（对顶角相同）**
> 在 15 页图 2.1 中，对顶角 AOB 和 COD 相等.

证明 由角度的定义，我们知道 $\angle AOD = 180°$，$\angle COB = 180°$. 因而
$$\angle AOD = \angle COB$$
注意到 $\angle AOD = \angle AOB + \angle BOD$，$\angle COB = \angle COD + \angle BOD$，我们得到
$$\angle AOB + \angle BOD = \angle COD + \angle BOD \quad (2.1)$$
在上式的两边加上 $-\angle BOD$，我们得到
$$\angle AOB = \angle COD \qquad \square$$

2.3.2 逆反命题的证明

逻辑上，假设命题 A 成立就推出命题 B 成立. 这个推理过程等价于：假设命题 B 不成立就推出命题 A 不成立. 用集合的语言，无非就是说，
$$A \subset B \iff B^c \subset A^c$$
我们用这个逻辑来证明数 i 不是实数. 回顾：根据定义（比如《代数与计算入门》定义 17.1），我们知道
$$i^2 = -1$$

例 2.4 证明：数 i（满足 $i^2 = -1$）不是一个实数.

证明 我们知道：对给定的任何一个数 x，若 x 是实数（命题 A），那么 $x^2 \geq 0$（命题 B）. 也就是，命题 A 成立推出命题 B 成立. 它的逆反推理就是：假如命题 B 不成立，那么命题 A 也不成立.

我们来应用这个逆反推理：首先，我们知道 $i^2 = -1 < 0$（命题 B 不成立），所以 i 不是实数（命题 A 也不成立）. $\qquad \square$

✎ **练习 2.1**

证明：数 15 不是一个质数.

我们再举一个逆反命题的例子.

假如婉芸是倩的女儿（命题 A），那么婉芸的年龄比倩的年龄小（命题 B）. 也就是说，生活常识（我们认

为这是公理)告诉我们:上述命题 A 能推出命题 B. 反之,假如我们知道倩的年龄不比婉芸的年龄大(相等或者还小),注意,这是上述命题 B 的逆命题,那么我们就推出倩不是婉芸的妈妈(上述命题 A 的逆命题).

2.3.3 反证法

我们在《代数与计算入门》中已经介绍过反证法,尤其我们提到欧几里得早在2000多年前就用反证法论证了素数有无穷多个,以及论述了为什么 $\sqrt{2}$ 是一个无理数. 反证法的主要思想就是从要证明的命题的否命题出发,在逻辑推导下得到一个与已知结果相矛盾的结论. 由此得到原命题的否命题是错误的,因此原命题是正确的.

这里我们再举下面一个例子.

例 2.5 证明

$$1.4 < \sqrt{2}$$

证明 运用反证法. 我们假设 $1.4 < \sqrt{2}$ 是不正确的,也就是 $1.4 \geqslant \sqrt{2}$. 那么,由定理 2.1,我们知道 $1.4^2 \geqslant 2$,也就是 $1.96 \geqslant 2$. 这显然是错误的结论. 这个错误的结论说明我们的假设是错误的,也就是说,$1.4 < \sqrt{2}$ 是正确的. □

2.3.4 数学归纳法

数学归纳法一般用来证明与整数有关的命题. 比如,我们来证明一个"简单"的命题:对所有的正整数 n,有

$$1 + 2 + \cdots + n = \frac{n(n+1)}{2}$$

为简单起见,我们有时会用 $A(n)$ 来表示对 n 成立的命题. 比方说上面命题中 $A(1)$ 就是指对 $n=1$ 成立的命题,也就是当 $n=1$ 时,

$$1 = \frac{1 \cdot (1+1)}{2}$$

显然，命题 $A(1)$ 是正确的. 所以我们要证明 $A(n)$ 对所有的正整数 n 都是正确的.

数学归纳法的程序是这样的. 第一步：我们要证明起始的命题 $A(n_0)$ 是正确的. 这个起始步 n_0 可以是 0，也可以是 1，或其他整数. 在上面例子中，我们看到 $A(1)$ 是正确的. 第二步：一般也是有难度的一步，即对任意的整数 $k \geqslant n_0$，在假设 $A(k)$ 是正确的前提下来证明 $A(k+1)$ 也是正确的. 由这两步，我们最终得到 $A(n)$ 对所有的 $n \geqslant n_0$ 的整数都是正确的.

我们来完成上面证明的第二步：对任意的整数 $k \geqslant 1$，假设 $A(k)$ 是正确的，也就是

$$1 + 2 + \cdots + k = \frac{k(k+1)}{2}$$

那么
$$1 + 2 + \cdots + k + (k+1)$$
$$= \frac{k(k+1)}{2} + (k+1) \quad (\text{用了命题 } A(k))$$
$$= \frac{(k+1)(k+2)}{2}$$
$$= \frac{(k+1)[(k+1)+1]}{2}$$

上式说明 $A(k+1)$ 是正确的，因而我们完成了证明.

✎ **练习 2.2**

写出上面问题的命题 $A(k+2)$.

我们再来举一个例子.

例 2.6 对所有的正整数 n，证明：

$$1^2 + 2^2 + \cdots + n^2 = \frac{n(n+1)(2n+1)}{6}$$

证明 第一步：当 $n = 1$ 时，

$$1 = \frac{1 \cdot (1+1) \cdot (2+1)}{6}$$

原等式成立.

第二步：假设当 $n = k \geqslant 1$ 时原等式成立，也就是
$$1^2 + 2^2 + \cdots + k^2 = \frac{k(k+1)(2k+1)}{6}$$

那么当 $n = k + 1$ 时，

$1^2 + 2^2 + \cdots + k^2 + (k+1)^2$

$= \dfrac{k(k+1)(2k+1)}{6} + (k+1)^2$ （用了命题 $A(k)$）

$= \dfrac{(k+1)(2k^2 + 7k + 6)}{6}$

$= \dfrac{(k+1)(k+2)(2k+3)}{6}$

$= \dfrac{(k+1)[(k+1)+1)][2(k+1)+1]}{6}$

原等式成立. 从而原等式对所有的正整数 n 都成立. □

一个不可忽视的问题是：人们是怎么发现像例 2.6 中那样美妙的公式的？这是人类几千年发展史中的智慧闪光点. 这些结果有时是灵光一现，有时是几年甚至几千年的思考. 另一方面，数学的发展与进步也让我们比较容易理解很多旧的规律，比如，我们可以用积分的概念及求积分的技巧来理解例 2.6 中的公式.

2.4 欧几里得公理

2.4.1 欧几里得平面几何的五条公理

作为平面几何的出发点，2000 多年前欧几里得把如下不证自明的规律列为公理.

> **定理 2.3（欧几里得平面几何的五条公理/公设）**
>
> （1）从一点向另一点可以引一条直线（两个不同点决定一条直线）.
>
> （2）任意线段都能无限延伸成一条直线.
>
> （3）给定任意线段，可以以其一个端点作为圆心、该线段长作为半径作一个圆.
>
> （4）所有直角都相等.
>
> （5）若两条直线都与第三条直线相交，并且在同一边的内角（同旁内角）之和小于 $180°$，则这两条直线在这一边必定相交.

从以上公理能推出很多其他有用的命题，比如由公理（1），我们能得到：

> **定理 2.4（直线相交）**
>
> 两条不同的直线最多只有一个交点.

证明 我们用反证法来证. 假设不对，那么有两条不同的直线有两个不同的交点. 但是，由欧几里得的公理（1）得到：过这两个交点得到的直线同所给的两条线都一样，所以我们得到原来的两条线是一样的. 矛盾. □

从欧几里得的公理我们来讨论有关平行线的更多性质.

2.4.2 平行线的基本性质

假设两条直线 l_1 和 l_2 是平行线，记作 $l_1 /\!/ l_2$. 再记 l_0 是与直线 l_1 和 l_2 相交的第三条直线. 我们来证明以下性质.

定理 2.5（与平行线有关的角的关系）

设直线 l_0 与两条平行直线 l_1 和 l_2 相交，如图 2.3 所示．那么

(1) $\angle 4 + \angle 5 = 180°$，$\angle 3 + \angle 6 = 180°$，也就是同旁内角之和为 $180°$．

(2) $\angle 1 = \angle 5$，$\angle 4 = \angle 8$，$\angle 2 = \angle 6$，$\angle 3 = \angle 7$，也就是同位角相同．

(3) $\angle 4 = \angle 6$，$\angle 3 = \angle 5$，也就是内错角相同．

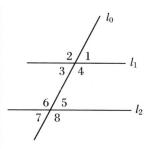

图 2.3 线段之间的角

证明 （1）先用反证法证明 $\angle 4 + \angle 5 = 180°$．假如不成立，也就是说，$\angle 4 + \angle 5 \neq 180°$．那么有两种情况．

第一种情况：$\angle 4 + \angle 5 < 180°$．由欧几里得的公理 (5)，我们知道直线 l_1 和 l_2 不是平行线．矛盾．第一种情况不可能．

第二种情况：$\angle 4 + \angle 5 > 180°$．那么 $180° - \angle 4 + 180° - \angle 5 < 180°$．注意到 $180° - \angle 4 = \angle 3$ 以及 $180° - \angle 5 = \angle 6$，我们得到 $\angle 3 + \angle 6 < 180°$．由欧几里得的公理 (5)，我们知道直线 l_1 和 l_2 不是平行线．矛盾．第二种情况也不可能．

综上，假设不对，也就是说，$\angle 4 + \angle 5 = 180°$．同理，可证 $\angle 3 + \angle 6 = 180°$．

（2）因为 $\angle 1$ 和 $\angle 5$、$\angle 4$ 和 $\angle 8$、$\angle 2$ 和 $\angle 6$、$\angle 3$ 和 $\angle 7$ 都是同位角，我们只需证明 $\angle 1 = \angle 5$ 即可．

首先我们知道 $\angle 1$ 和 $\angle 4$ 互为补角，也就是
$$\angle 1 + \angle 4 = 180°$$
其次，由（1）我们知道
$$\angle 4 + \angle 5 = 180°$$
所以
$$\angle 1 + \angle 4 = \angle 4 + \angle 5$$
在上式两边同时加上 $-\angle 4$，我们就得 $\angle 1 = \angle 5$．

（3）因为 $\angle 3$ 和 $\angle 4$ 互为补角，同时由（1）我们知道 $\angle 4$ 和 $\angle 5$ 也互为补角，所以 $\angle 3 = \angle 5$，同理可证 $\angle 4 = \angle 6$． □

为了讨论定理 2.5 的逆命题，我们给出另一个公理．

定理 2.6（平行线存在公理）

过直线 l_1 外的任意一点都有一条与 l_1 平行的直线．

由此，我们可以证明定理 2.5 的逆命题也是成立的．

定理 2.7（平行线判定法则）

设直线 l_0 与两条直线 l_1 和 l_2 相交，如图 2.3 所示．假设

（1）$\angle 4 + \angle 5 = 180°$，或 $\angle 3 + \angle 6 = 180°$，也就是一对同旁内角之和为 $180°$．

（2）$\angle 1 = \angle 5$，或 $\angle 4 = \angle 8$，或 $\angle 2 = \angle 6$，或 $\angle 3 = \angle 7$，也就是一对同位角相同．

（3）$\angle 4 = \angle 6$，或 $\angle 3 = \angle 5$，也就是一对内错角相同．

若上面任意一条成立，那么直线 l_1 和 l_2 平行．

定理 2.7 的证明留作练习．

2.5 几何形状：三角形与多边形

2.5.1 三角形与多边形的定义

将三条不在中间相交的线段头尾相连，我们就会得到一个三角形．这三条线段称为三角形的边．两两线段所夹的角称为三角形的内角．同样，将 n（$n \geqslant 3$）条不在中间相交的线段头尾相连，我们就得到一个 n 边形．两两线段所夹的角称为多边形的内角．比如，图 2.4 中 $\angle GAB$，$\angle ABC$，$\angle BCD$，$\angle CDE$，$\angle DEF$，$\angle EFG$

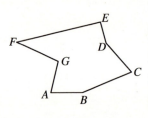

图 2.4 多边形

及 ∠FGA 都是内角.

2.5.2 三角形与多边形的周长和面积

多边形的周长相对比较直观.

定义 2.3（周长）

多边形的周长就是它所有边长的和.

比如，图 2.4 中多边形的周长就是

$$L = AB + BC + CD + DE + EF + FG + GA$$

多边形的面积稍微复杂一些. 我们先从三角形开始讲起.

首先来看有一个内角是直角的三角形（我们称之为直角三角形）. 给定一个直角三角形 ACB（$\angle C = 90°$），我们把它绕 C 点逆时针旋转 $180°$ 并适当平移得到 $\triangle A'C'B'$. 将 $A'B'$ 边和 BA 边重合，我们就得到一个长方形 $ACBC'$（图 2.5）. 前一章里我们已经得到长方形的面积为 $S_{ACBC'} = AC \times CB$（定理 1.2）. 显然，这个面积是 $\triangle ACB$ 面积的 2 倍. 所以我们有

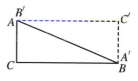

图 2.5 直角三角形的面积

$$S_{\triangle ACB} = \frac{1}{2} \times AC \times CB$$

对一般的 $\triangle ABC$，我们可以从 A 点向 BC 边作一条垂线 AD（我们会在下一章例 3.3 中看到：为什么我们可以作这条垂线）. 这样，AD 就把三角形分为两个直角三角形：$\triangle ADB$ 和 $\triangle ADC$. 它们的面积分别为 $\frac{1}{2} AD \times BD$ 和 $\frac{1}{2} AD \times DC$，加起来就是 $\frac{1}{2} AD \times BC$. 我们习惯上称 AD 是底边 BC 上的高，长度记作 h. 底边的长度记作 b（图 2.6）. 因此

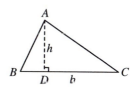

图 2.6 三角形的面积

$$\triangle ABC \text{ 的面积} = \frac{1}{2} \times AD \times BC$$

$$= \frac{1}{2} \times 高 \times 底长 \quad (2.2)$$

也就是我们在这里给了前一章定理 1.4 的一个证明.

图 2.7 多边形的面积

图 2.8 三角形的外角

多边形的面积可以通过对多边形的剖分来求．比如图 2.7，我们可以以 G 为一个三角形的顶点把它剖分成五个三角形来求面积．

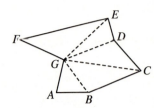

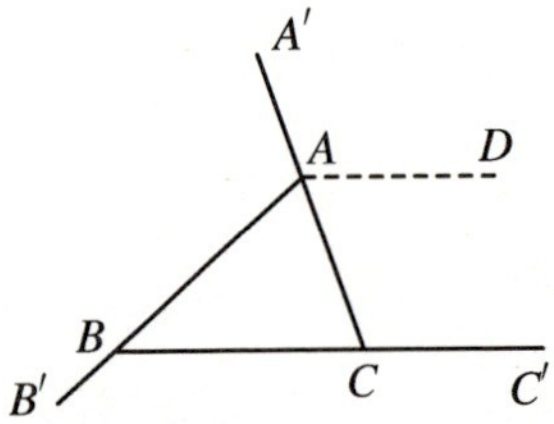

2.5.3 三角形与多边形的外角和

20 世纪最杰出的一位几何大师陈省身先生一直提醒大家要注重多边形的外角和，因为不管是几边形，这个和都是同一个量．我们来看原因．

对给定的一个$\triangle ABC$，把它的顶点按逆时针方向排列：A，B，C．然后由 AB，BC 和 CA 作延长线得到 AB'，BC' 和 CA'．由此我们得到内角 BAC 的外角 BAA'、内角 ABC 的外角 CBB' 和内角 ACB 的外角 ACC'，如图 2.8 所示．我们来证：

定理 2.8（三角形的外角和）

三角形的外角和是 $360°$．

证明 如图 2.8 所示，我们从 A 点作平行于 BC 的射线 AD．由定理 2.5（2）知 $\angle ACC' = \angle A'AD$，$\angle BAD = \angle B'BC$．所以

$$\begin{aligned}&\angle ACC' + \angle B'BC + \angle BAA' \\ &= \angle DAA' + \angle BAD + \angle BAA'\end{aligned}$$

另一方面，显然我们看出

$$\angle DAA' + \angle BAD + \angle BAA' = 360°$$

由上面两个等式我们得到定理 2.8． □

三角形的每个内角都同它的外角互补，所以我们知道三个内角之和是 $3\times 180° - $三个外角和$ = 180°$．我们把这总结为

推论 2.1（三角形的内角和）

三角形的三个内角和是 $180°$．

这个推论也揭示了以下的结论．

推论 2.2（三角形的外角）

三角形的一个外角是它不相邻的两个内角之和.

定理 2.8 也可以这么理解：射线 AA' 绕 A 点逆时针旋转 $\angle A'AB$ 到射线 BB' 的位置；把旋转点从 A 点平移到 B 点，然后射线 BB' 绕 B 点逆时针旋转 $\angle B'BC$ 到射线 CC' 的位置；再把旋转点从 B 点平移到 C 点，然后射线 CC' 绕 C 点逆时针旋转 $\angle C'CA$ 回到射线 AA' 的位置. 除了移动旋转点，我们事实上就是把射线 AA' 旋转了一周，因而旋转的总角度是 $360°$，也就是

$$\angle A'AB + \angle B'BC + \angle C'CA = 360°$$

显然，我们可以像三角形那样来定义多边形的外角，从而有：

定理 2.9（多边形的外角和）

多边形的外角和是 $360°$.

有意思的是，不管多边形有多少条边，它的外角和总是 $360°$.

同样，我们知道多边形的每个内角同它的外角互补，我们又得到：

推论 2.3（n 边形的内角和）

n 边形的 n 个内角和是 $(n-2) \times 180°$.

我的笔记　　**日期：**

习题 2

1. 数学证明题.

(1) 证明：对任意的实数 x，$x^2 \geqslant 0$.

(2) 证明：对任意的实数 x 和 y，$x^2 + y^2 \geqslant 2xy$.

(3) 证明：n 边形的 n 个内角和是 $(n-2) \times 180°$.

(4) 证明：$\sqrt{5}$ 是无理数.

2. 实验题.

(1) 验证

$1 + 2^3$ 与 $(1+2)^2$、$1 + 2^3 + 3^3 + 4^3$ 与 $(1+2+3+4)^2$ 的关系.

(2) 总结出

$$1^3 + 2^3 + \cdots + n^3 \quad 与 \quad (1 + 2 + \cdots + n)^2$$

的关系，并证明它.

3. 挑战题：多项式恒等.

(1) 假设多项式 $ax^2 + bx + 1 = 2x^2 - x + 1$，证明：$a = 2$，$b = -1$.

(2) 假设多项式 $ax^2 + bx + c = Ax^2 + Bx + C$，证明：$a = A$，$b = B$，$c = C$.

4. 挑战题：不等式.

(1) 证明：$x^2 + y^2 + z^2 \geqslant xy + xz + yz$.

(2) 因式分解：$x^3 + y^3 + z^3 - 3xyz$.

(3) 证明：对所有的非负数 x，y，z，都有

$$x^3 + y^3 + z^3 \geqslant 3xyz$$

5. 挑战题：平行线判定法则的证明.

试用平行线存在公理(定理 2.6)及反证法来证明定理 2.7.

第 3 章
三角形之间的关系（Ⅰ）：全等

本 章 要 点

- 全等
- 对应量
- 三角形的全等定义
- 边角边全等判定定理
- 等腰三角形的性质
- 边边边全等判定定理
- 角角边全等判定定理
- 三角不等式
- 反射原理
- 平行四边形性质

3.1 全等的定义

给你一张纸片 A，你在这张白纸上描下它的边就会得到一个平面上的几何形状 B（图 3.1）.

将纸片转动 $90°$ 得到 A' 及它的边的形状 B'（图 3.2）. 我们称纸片 A 和纸片 A' 是全等的，形状 B 和形状 B' 是全等的. 一般地，我们有如下定义：

图 3.1 纸片及其边的形状

图 3.2 转动 $90°$ 的纸片及其边的形状

定义 3.1（全等）

由图形 T_1 经过（可能多次）平移、旋转及反转得到图形 T_2. 我们称这两个图形是全等的，记为 $T_1 \cong T_2$.

例 3.1 由定义我们知道图 3.1 及图 3.2 中，$A \cong A'$ 及 $B \cong B'$. □

由全等的定义我们容易看到全等是有对称性和传递性的.

> **定理 3.1（图形全等的传递性）**
> (1) 假设 $T_1 \cong T_2$，那么 $T_2 \cong T_1$.
> (2) 假设 $T_1 \cong T$，$T \cong T_2$，那么 $T_1 \cong T_2$.

3.2 两个三角形的全等：对应量

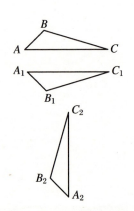

图 3.3 经过反转和旋转所得的全等三角形

我们来看三角形的全等. 由图 3.3 中 $\triangle ABC$ 做关于 AC 轴的翻转得到一个全等 $\triangle A_1 B_1 C_1$；由图 3.3 中 $\triangle ABC$ 做关于 A 点的逆时针 $90°$ 的旋转得到第二个全等三角形 $\triangle A_2 B_2 C_2$. 我们来看相应的等量关系.

由 $\triangle ABC \cong \triangle A_1 B_1 C_1$ 推出对应边长相等：

$$AB = A_1 B_1, \quad AC = A_1 C_1, \quad BC = B_1 C_1$$

同时，也推出对应的角度相同：

$$\angle A = \angle A_1, \quad \angle B = \angle B_1, \quad \angle C = \angle C_1$$

基于以上的观察，我们在记两个三角形全等时，会写下相应的顶点关系. 比如，我们写

$$\triangle ACB \cong \triangle A_1 C_1 B_1$$
$$\triangle CBA \cong \triangle C_2 B_2 A_2$$
$$\triangle CAB \cong \triangle C_1 A_1 B_1$$

都可以. 但要注意：写成 $\triangle ACB \cong \triangle A_1 B_1 C_1$ 就错了.

✎ **练习 3.1**

由图形全等的传递性，证明

$$\triangle A_1 C_1 B_1 \cong \triangle A_2 C_2 B_2$$

我们把以上全等三角形的对应量相等的性质写成三角形全等的另一个定义.

定义 3.2（全等三角形对应边和角相等）

给定△ABC 和△EFG. 假如这两个三角形的对应边长相等，即

$$AB = EF, \quad AC = EG, \quad BC = FG,$$

并且两个三角形的对应角也相等，即

$$\angle A = \angle E, \quad \angle B = \angle F, \quad \angle C = \angle G,$$

那么我们称这两个三角形全等.

3.3 两个三角形的全等：判定

假如两个三角形对应的三条边和三个顶角都相等，我们可以从定义来推导出它们全等.

事实上，我们可以从更少的条件推导出两个三角形是全等的.

定理 3.2（边角边全等判定定理）

假如△ACB 和△EFG 的两条边相同，即 $AC = EF$，$AB = EG$，并且这两个边的夹角也相同，即 $\angle A = \angle E$，那么这两个三角形全等：△ACB ≅ △EFG.

这个定理的证明出现于 2000 多年前欧几里得的《几何原本》（*Elements*）（见本章的深度阅读）. 英文中边的第一个字母是 S（Side），角度的第一个字母是 A（Angle），所以上面的定理常称为 SAS 全等判定定理. A 在中间是为了强调这是个夹在两条边之间的夹角.

例 3.2 （边边角全等判定不成立的例子）假如两个三角形的两条对应的边相同，还有一个角相同（不一定是夹角），那么这两个三角形不一定全等. 如图 3.4 所示，△ACB 和△DCB 的两条边相等，即 $AB = DB$，$CB = CB$，一个角相等，$\angle C = \angle C$，但这两个三角形不

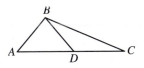

图 3.4 边边角全等判定不成立的例子

全等.

注意 假如两个三角形都有一个直角的内角,那么三角形边边角全等的判定又成立了. 见习题3第3题.

由三角形边角边全等判定定理,我们先来证下面的关于等腰三角形的一个命题. 假如一个三角形的两个内角相同,那么这个三角形称为等腰三角形. 若一个三角形的三个内角都是 60°,那么这个三角形称为等边三角形.

> **规律 3.1**(等腰三角形的命题)
>
> 若 △ACB 的两个边相同,即 $AC = AB$,那么它是一个等腰三角形,也就是 $\angle C = \angle B$.

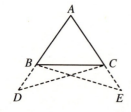

图 3.5 规律 3.1 的证明

证明 如图 3.5 所示,延伸 AB 到 D 点,延伸 AC 到 E 点,使得 $AD = AE$. 又 $AC = AB$(已知条件),$\angle A = \angle A$,所以由 SAS 全等判定定理,我们得到 $\triangle ADC \cong \triangle AEB$. 由此可以推出

$$DC = EB, \quad \angle BDC = \angle CEB$$

另外,我们知道 $BD = AD - AB = AE - AC = CE$. 所以又由 SAS 全等判定定理,我们得到 $\triangle BDC \cong \triangle CEB$. 因而,$\angle DBC = \angle ECB$. 从这个关系,我们推出

$$\angle ABC = 180° - \angle DBC$$
$$= 180° - \angle ECB = \angle ACB \qquad \square$$

由规律 3.1,我们可得如下推论.

> **推论 3.1**(交点唯一性)
>
> 在一条线段的一边最多只有一点,它到线段的两个端点是给定的距离.

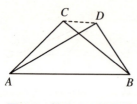

图 3.6 推论 3.1 的证明

证明 我们用反证法来证明.

如图 3.6 所示,假设在线段 AB 的一边有两个点 C 和 D,使得 $CA = DA$,$CB = DB$. 那么,由规律 3.1,得

$$\angle ACD = \angle ADC, \quad \angle BCD = \angle BDC$$

另一方面，我们看到
$$\angle ACD > \angle BCD = \angle BDC > \angle ADC$$
矛盾！ □

例 3.3（由直线外一点作直线的垂线）用推论 3.1，我们来作从一条直线 l 以外的一点 P 到这条直线的垂线，如图 3.7 所示.

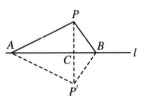

图 3.7 点到直线的垂线

首先，我们在直线 l 上取两个不同的点 A 和 B. 由推论 3.1，可知在直线的另一边有唯一的点 P'，它到 B 的距离是 PB，它到 A 的距离是 PA（P' 点可以用圆规作出）. 连接 P 和 P'，交 l 于 C 点.

由规律 3.1，我们得到 $\angle APP' = \angle AP'P$，$\angle BPP' = \angle BP'P$. 从而可得 $\angle APB = \angle AP'B$. 又 $AP = AP'$，$BP = BP'$，所以由 SAS 全等判定定理，我们得到 $\triangle APB \cong \triangle AP'B$. 因而，$\angle PAC = \angle P'AC$. 又因为 $AP = AP'$，$AC = AC$，故再由 SAS 全等判定定理，我们得到 $\triangle APC \cong \triangle AP'C$. 因而，$\angle PCA = \angle P'CA$. 由于 $\angle PCP'$ 是平角，最后我们得到 $\angle PCA = \angle P'CA = 90°$. 也就是说，直线 $PC \perp l$. □

由推论 3.1，我们可以得到判定三角形全等的另一个定理.

定理 3.3（边边边全等判定定理）

假如 $\triangle ACB$ 和 $\triangle EFG$ 的三个边相同，即 $AC = EF$，$AB = EG$，$CB = FG$，那么这两个三角形全等：$\triangle ACB \cong \triangle EFG$.

证明 我们将 AB 边和 EG 边重叠，并将顶点 C 和 F 放在线段 AB 的同一边. 因为 $AC = EF$，$CB = FG$，由推论 3.1，我们知道 C 点和 F 点一定重合，也就是 $\triangle ACB \cong \triangle EFG$. □

我们也有判定两个三角形全等的角角边定理.

> **定理 3.4（角角边全等判定定理）**
>
> 假如△ACB 和△EFG 的两个内角相同，即∠A = ∠E，∠C = ∠F，并且有一条边也相同，即 AC = EF，那么这两个三角形全等：△ACB≌△EFG.

我们把这个证明放在本章的深度阅读里．

由三角形角角边全等判定定理，我们来证规律 3.1 的逆命题也成立．

> **规律 3.2（等腰三角形的腰相等）**
>
> 假设△ACB 是一个等腰三角形，∠C = ∠B，那么 AC = AB.

证明 由例 3.3，我们可以过顶点 A 作 BC 边的垂线交 BC 边于点 D．我们有

$$\angle C = \angle B, \quad \angle ADC = \angle ADB, \quad AD = AD$$

由角角边全等判定定理，我们得到△ADC≌△ADB．所以 AC = AB． □

由规律 3.1 及推论 2.2，我们能得到（证明留作习题）：

> **定理 3.5（边角大小对应）**
>
> 在△ACB 里，假如 AC ⩾ AB，那么 AC 边所对的∠B 大于边 AB 所对的∠C，也就是∠B ⩾ ∠C.

由反证法，我们又能得到（证明留作习题）：

> **定理 3.6（边角大小对应）**
>
> 在△ACB 里，假如 AC 边所对的∠B 大于 AB 边所对的∠C，也就是∠B ⩾ ∠C，那么 AC ⩾ AB.

3.4 两个三角形全等的应用

作为应用，我们来证明几何里的一个基本定理．

定理 3.7（三角不等式）

在 △ACB 里，两条边长的和总是大于第三条边的边长.

证明 如图 3.8 所示，我们来证 $BA + AC \geqslant BC$.

我们首先将 BA 边延长至 D 点，使得 $AD = AC$. 那么

$$\angle ADC = \angle ACD \quad \text{（运用规律 3.1）}$$

因此

$$\angle BCD = \angle ACD + \angle BCA$$
$$> \angle ACD = \angle ADC = \angle BDC$$

由定理 3.6 得 $BD \geqslant BC$，也就是 $BA + AC \geqslant BC$.

同理可证其他两边之和大于第三边. □

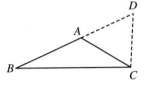

图 3.8 三角不等式

在平面上，任意曲线的长度（更严格地说，任意可求长的曲线）可以用直线段之和来逼近. 所以我们也把三角不等式的定理作如下描述.

定理 3.8（两点间直线距离）

平面上两点间直线距离最短.

我们用定理 3.8 来解释如下的反射原理.

例 3.4 （镜面反射原理）给定一堵墙，以及在墙同一边的两个点 A 和 B. 如图 3.9(a) 所示. 考虑从 A 点出发，走到墙以后（比如墙上的 D 点）再继续走到 B 点. 如何在墙上选择 C 点，使得所走的距离最短. 也就是：

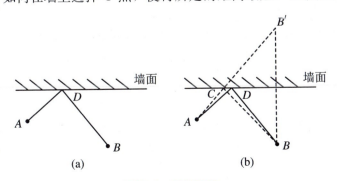

图 3.9 反射原理

在墙上选一点 C, 使得 $AC + CB$ 的值最小.

解 首先, 我们作 B 点关于墙面的对称点 B', 也就是在墙的另一边取 B' 点, 使得 BB' 垂直墙面, 并且 B 到墙面的距离等于 B' 到墙面的距离, 如图 3.9(b) 所示. 连接 AB', 与墙交于 C 点. 我们来证明: C 就是我们要找的点. 也就是, 取墙上任意一点 D, 我们总有 $AC + CB \leqslant AD + DB$.

这是因为 B' 是 B 点关于墙面的对称点, 所以 $CB = CB'$, $DB = DB'$. 因为 ACB' 是直线, 由三角不等式 (定理 3.7), 我们得到

$$\begin{aligned} AC + CB &= AC + CB' \\ &= AB' \\ &\leqslant AD + DB' \\ &= AD + DB \end{aligned}$$

考虑到光线总是采用最快的路径传播, 光学里的光线反射原理 (入射角度等同于反射角度) 也可以由上面的例题来解释. □

最后来看一个全等三角形在平行四边形上的应用.

定义 3.3 (平行四边形)

对边平行的四边形称为平行四边形. 它的两条对顶点连接线段称为对角线.

定理 3.9 (平行四边形的对边长)

平行四边形对边相等.

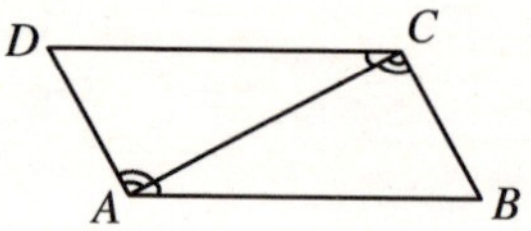

证明 连接平行四边形 $ABCD$ 的两个对顶点 A 和 C, 得到对角线 AC. 由平行角度关系 (定理 2.5), 我们得

$$\angle ACD = \angle CAB, \quad \angle CAD = \angle ACB$$

又有 $AC = AC$. 由角角边全等判定定理 (定理 3.4), 我们得到 $\triangle ACD \cong \triangle CAB$. 所以 $AB = CD$, $AD = CB$. □

图 3.10 平行四边形对边相等

我的笔记　　日期：

3.5　深度阅读：边角边及角角边全等判定定理

这里，我们给出三角形边角边，以及角角边全等判定定理的证明．这两个证明没有用到别的定理，所以学生如果一开始有理解方面的困难，也可以将这两个定理看作公理来用．

定理 3.1（边角边全等判定定理）的证明　如图 3.11 所示，我们假设 $AB = EF$，$AC = EG$，$\angle BAC = \angle FEG$．求证：$BC = FG$，$\angle ABC = \angle EFG$，$\angle ACB = \angle EGF$．

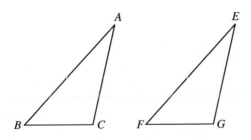

图 3.11　边角边全等判定定理的证明

首先我们置 A 点于 E 点处（让这两点重合），并将线段 AB 放在 EF 所在的直线上．因为 $AB = EF$，所以

B 点与 F 点重合.

由直线 AB（或 EF）绕点 A 旋转 $\angle BAC$ 角度，得到线段 AC 及 EF 所在的直线. 因为 $AC = EG$，所以 C 点与 G 点也重合. 两个给定的不同点决定唯一线段（欧几里得的公理（1）），所以线段 BC 和 FG 重合. 因此，$\triangle ABC$ 同 $\triangle EFG$ 完全重合，所以由定义可知它们是全等的. 证毕. □

定理 3.2（角角边全等判定定理）的证明　如图 3.12 所示，我们假设 $AC = EG$，$\angle BAC = \angle FEG$，$\angle BCA = \angle FGE$. 求证：$\triangle ABC \cong \triangle EFG$.

首先我们置 E 点于 A 点处（让这两点重合）. 因为 $AC = EG$，我们可以将线段 AB 与 EF 重合（因而 F 与 B 点重合）.

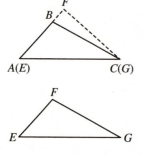

图 3.12　角角边全等判定定理的证明

又因为 $\angle BAC = \angle FEG$，所以 B 点和 F 点在同一条射线上. 我们来反证 F 点和 B 点重合. 假如 F 点和 B 点不重合，比如如图 3.12 所示，F 点离 B 点更远. 那么由推论 2.2，我们知道 $\angle ABC = \angle EFG + \angle BGF > \angle EFG$. 矛盾.

所以 $\triangle ABC$ 同 $\triangle EFG$ 完全重合，也就是 $\triangle ABC \cong \triangle EFG$. 证毕. □

习 题 3

1. 阅读与回顾.

(1) 关于规律 3.1 的证明.

(a) 回顾并复述规律 3.1 的证明.

(b) 假如我们有三角形 SAS 全等判定定理，我们可以连接 A 与 B 和 C 的中点来证明 $\angle B = \angle C$ 吗？

(c) 思考：书中为什么没用（b）中提到的办法来证明？

(2) 证明定理 3.5.

(3) 证明定理 3.6.

(4) 类似于例 3.3，详述如何作一个线段的垂直平分线.

2. 如图所示，在 □ABCD 上分别从 A 点和 D 点作 BC 边的垂线分别交 BC 及 BC 的延长线于 E 和 F 点. 证明：△ABE≌△DCF.

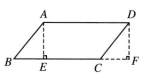

题 2 图

3.（直角三角形的边边角全等判定定理）给定 △ABC 和 △EFG. 假设 $AB = EF$，$AC = EG$ 且 $\angle C = \angle G = 90°$. 证明：△ABC≌△EFG.

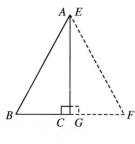

题 3 图

4. 如图所示，△ABC 中 AD 是 AB 边上的中线. 证明：△ABC 是一个直角三角形（$\angle C = 90°$）当且仅当 $AD = BD = CD$（充分必要条件的定义会在定义 4.2 中给出）.

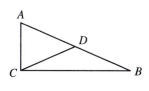

题 4 图

第 4 章
三角形之间的关系（Ⅱ）：
相似

本 章 要 点

- 相似的定义
- 三角形相似的判定定理
- 毕达哥拉斯定理
- 直角三角形斜边中线定理
- 三角函数的定义
- 正弦及余弦定理

4.1 相似三角形

4.1.1 相似三角形的定义

在给定的一个图形（例如图 4.1 里的 $\triangle ABC$）中，选定一点 O. 以 O 为中心将图形中所有的点到 O 的距离同尺度放大，得到一个新图形（如图 4.1 里的 $\triangle A'B'C'$）. 我们称这两个图形是相似图形，记作 $\triangle ABC \backsim \triangle A'B'C'$. 使用分割的办法，我们能论证：假如比例 $AB:A'B'$ 是一个有理数的话，则 $AC:A'C'$ 及 $BC:B'C'$ 都是同一个分数. 由初等数学的基本假设，我们知道，即使比例是一个实数，比例关系

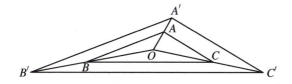

图 4.1 三角形经过放大所得的相似

$$\frac{AB}{A'B'} = \frac{AC}{A'C'} = \frac{BC}{B'C'} \quad (4.1)$$

也总是成立的. 我们也观察到, 这两个三角形对应的顶角也相等,

$$\angle BAC = \angle B'A'C'$$
$$\angle ABC = \angle A'B'C' \quad (4.2)$$
$$\angle ACB = \angle A'C'B'$$

我们由此给出如下定义.

> **定义 4.1（相似三角形）**
>
> 假如 $\triangle ABC$ 和 $\triangle A'B'C'$ 对应的边成比例（满足方程 (4.1)），对应的顶角相等（满足方程 (4.2)），则称 $\triangle ABC$ 和 $\triangle A'B'C'$ 相似，记作 $\triangle ABC \backsim \triangle A'B'C'$.

4.1.2 相似三角形的判定

由相似三角形的定义我们知道"相似"的关系也有对称性和传递性.

> **定理 4.1（相似的传递性）**
>
> (1) 假设 $\triangle ABC \backsim \triangle A'B'C'$，那么 $\triangle A'B'C' \backsim \triangle ABC$.
>
> (2) 假如 $\triangle ABC \backsim \triangle A'B'C'$，$\triangle A'B'C' \backsim \triangle EFG$，那么 $\triangle ABC \backsim \triangle EFG$.

证明 (1) 由定义, 显然成立.

(2) 由 $\triangle ABC \backsim \triangle A'B'C'$，我们知道

$$\frac{A'B'}{AB} = \frac{A'C'}{AC} = \frac{B'C'}{BC}$$

由 △A'B'C' ∽ △EFG，我们也知道

$$\frac{EF}{A'B'} = \frac{EG}{A'C'} = \frac{FG}{B'C'}$$

将上面的等式相乘，我们得

$$\frac{EF}{AB} = \frac{EG}{AC} = \frac{FG}{BC} \qquad (4.3)$$

同样，由 △ABC ∽ △A'B'C'，我们知道

$$\angle A = \angle A', \quad \angle B = \angle B', \quad \angle C = \angle C'$$

由 △A'B'C' ∽ △EFG，我们也知道

$$\angle E = \angle A', \quad \angle F = \angle B', \quad \angle G = \angle C'$$

通过替代我们得

$$\angle E = \angle A, \quad \angle F = \angle B, \quad \angle G = \angle C \qquad (4.4)$$

由式（4.3）、式（4.4）及定义 4.1，我们最终得到 △ABC ∽ △EFG．证毕． □

为了得到一般的相似判定定理，我们先来研究平行线之间线段的比例关系．

> **规律 4.1（三角形中线性质）**
>
> 在给定的 △ABC 中，取 D 为 AB 的中点．过 D 点作平行 BC 的直线交 AC 边于 E 点（参见图 4.2(a)），那么 E 点为 AC 的中点，并且 △ABC ∽ △ADE．

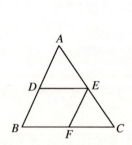
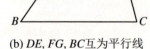

(a) D, E 分别是 AB, AC 的中点   (b) DE, FG, BC 互为平行线

图 4.2　平行线间的线段比例

证明　首先，我们过 E 点作平行 AB 的直线交 BC 边于 F 点．那么 BDEF 是一个平行四边形．

由定理 3.9，可知 EF = DB = AD（因为 D 点是 AB

的中点).

因为 $EF \parallel AB$, 所以 $\angle FEC = \angle DAE$; 又因为 $DE \parallel BC$, 所以 $\angle ECF = \angle AED$. 运用角角边全等判定定理我们得到 $\triangle EFC \cong \triangle ADE$. 由此可见: E, F 点分别为边 AC, BC 的中点, 并且有

$$\frac{AD}{AB} = \frac{AE}{AC} = \frac{DE}{BC} = \frac{1}{2}$$

注意到 $\angle A = \angle A$, $\angle ADE = \angle ABC$, $\angle AED = \angle ACB$ (因为 $DE \parallel BC$). 所以, 由定义 4.1 我们知道 $\triangle ABC \backsim \triangle ADE$. 证毕. □

更一般地, 我们能得如下定理(在此我们忽略其证明).

定理 4.2（平行线线段比）

在给定的 $\triangle ABC$ 中, D, F 是 AB 上的点, E, G 是 AC 上的点, 并且 $DE \parallel FG \parallel BC$（参见图 4.2 (b))). 那么

$$\triangle ABC \backsim \triangle ADE \backsim \triangle AFG$$

因而

$$\frac{AD}{AB} = \frac{AE}{AC} = \frac{DE}{BC}, \quad \frac{AF}{AB} = \frac{AG}{AC} = \frac{FG}{BC}$$

由简单的代数运算也推出图 4.2(b) 中线段长度的比例关系:

$$\frac{a}{b} = \frac{d}{e}, \quad \frac{b}{c} = \frac{e}{f}$$

我们由以上定理来得三角形相似的判定法则.

定理 4.3（角角相似判定定理）

若 $\triangle ABC$ 和 $\triangle EFG$ 有两个顶角相同, $\angle A = \angle E$, $\angle B = \angle F$, 那么它们就是相似三角形: $\triangle ABC \backsim \triangle EFG$.

证明 由于三角形内角和是 $180°$, 我们知道 $\angle C = \angle G$. 不失一般性, 我们假设 $AB \leqslant EF$（也就是说, 假如 $AB \geqslant EF$, 完全类似地, 我们也能得到证明). 将顶点 E

和 A 重合，边 AB 所在射线和 EF 所在射线重合，边 AC 所在射线和 EG 所在射线重合．因为 $\angle B = \angle F$，故由定理 2.7，可得 $BC \parallel FG$．由定理 4.2，我们得

$$\frac{AB}{EF} = \frac{AC}{EG} = \frac{BC}{FG}$$

所以 $\triangle ABC \backsim \triangle EFG$．证毕． □

> **定理 4.4（边角边相似判定定理）**
>
> 假设 $\triangle ABC$ 和 $\triangle EFG$ 的两条对应边成比例，
>
> $$\frac{AB}{EF} = \frac{AC}{EG}$$
>
> 并且这两条对应边的夹角相同，$\angle A = \angle E$，那么它们就是两个相似三角形：$\triangle ABC \backsim \triangle EFG$．

证明 不失一般性，我们假设 $AB \leqslant EF$．将顶点 E 和 A 重合，边 AB 所在射线和 EF 所在射线重合，边 AC 所在射线和 EG 所在射线重合．

过 B 点作平行于 FG 的线段交 EG 于 H 点．假如 H 点与 C 点不重合，那么

$$\frac{AB}{EF} = \frac{AH}{EG} \neq \frac{AC}{EG}$$

同定理的条件矛盾．所以 H 点与 C 点重合，我们知道 $\angle B = \angle F$，$\angle C = \angle G$，因而，由角角相似判定定理（定理 4.3），我们知道 $\triangle ABC \backsim \triangle EFG$．证毕． □

注意 （边边角相似判定不成立的例子）从例 3.2 也可以看到两个三角形的两条边成比例，由一个角（不是夹角）相同并不能推出这两个三角形相似．

定理 4.4 的证明过程也隐含了下面的推论（它是定理 4.2 的逆命题）．

> **推论 4.1（比例关系的线）**
>
> 在给定的 $\triangle ABC$ 中，假设 D 是 AB 上的点，E 是 AC 上的点，并且 $\frac{AD}{AB} = \frac{AE}{AC}$，那么 $DE \parallel BC$（参见 42 页图 4.2(b)）．

最后我们来证明下面的边边边相似判定定理.

> **定理 4.5（边边边相似判定定理）**
>
> 若△ABC 和△EFG 的三条对应边满足
> $$\frac{AB}{EF} = \frac{AC}{EG} = \frac{BC}{FG}.$$
> 那么它们就是相似三角形：△ABC∽△EFG.

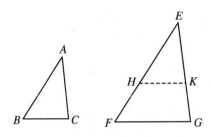

图 4.3　边边边对应的相似三角形

证明　不失一般性，我们还是假设 $AB \leqslant EF$.

在 EF 边上取点 H，使得 EH = AB，在 EG 边上取点 K，使得 EK = AC. 由定理的条件，我们知道
$$\frac{EH}{EF} = \frac{EK}{EG}.$$

由推论 4.1，可得 HK ∥ FG. 进而有
$$\frac{HK}{FG} = \frac{EH}{EF} = \frac{AB}{EF} = \frac{BC}{FG}.$$

因而得 HK = BC，并由边边边全等判定定理（定理 3.3）推出△ABC≌△EHK.

因为△EHK 和△EFG 的三个对应内角相等，故我们又知道△EFG∽△EHK. 由相似三角形的传递性（定理 4.1），我们得到△ABC∽△EFG.　□

4.2　直角三角形

假如三角形的一个顶角是直角，这个三角形就称为

直角三角形. 由三角形内角和为 180° 可知: 直角三角形的另外两个角都是锐角(0°到 90°的角). 习惯上, 我们称这两个锐角所对的边为直角边(古代中国称它们为勾(短的)和股(长的)), 直角所对的边称作斜边(古代中国称它为弦). 人类科学史上的一个伟大发现——平面上两点距离的概念, 便是与直角三角形密不可分的: 倘若在 A 和 B 两点之间有山川或湖泊(因而直接量直线距离变得不现实), 我们也可以有个替代的办法来计算它们的距离. 这就是毕达哥拉斯(Pythagoras)定理.

4.2.1 人类最伟大的发现之一——毕达哥拉斯定理

毕达哥拉斯定理在 4000 年前就为人类所发现. 在我国, 我们习惯上称之为勾股定理, 可能是由于勾 3、股 4、弦 5 这个容易记的特殊例子.

定理 4.6 (毕达哥拉斯定理)

假如 $\triangle ABC$ 是一个直角三角形, $\angle C = 90°$, 那么
$$AB^2 = AC^2 + BC^2$$

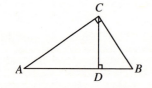

图 4.4 毕达哥拉斯定理的证明

证明 过顶点 C 作 AB 线段的垂线交 AB 于 D 点, 如图 4.4 所示. 因为 $\angle A = \angle A$, $\angle ADC = \angle ACB = 90°$, 所以 $\triangle ADC \backsim \triangle ACB$. 同理, $\triangle CDB \backsim \triangle ACB$. 我们有
$$\frac{AD}{AC} = \frac{AC}{AB}, \quad \frac{DB}{BC} = \frac{BC}{AB}$$
也就是
$$AC^2 = AD \cdot AB$$
$$BC^2 = DB \cdot AB$$
将上面两个等式相加, 就得
$$AC^2 + BC^2 = (AD + DB) \cdot AB = AB^2 \quad \square$$

毕达哥拉斯定理的逆命题也是成立的.

> **定理 4.7（毕达哥拉斯定理的逆命题）**
>
> 假如 $\triangle ABC$ 的三条边满足
> $$AB^2 = AC^2 + BC^2$$
> 那么它是一个直角三角形，且 $\angle C = 90°$.

证明 过 G 点作两条垂直线段 $EG \perp FG$，使得 $EG = AC$，$FG = CB$. 连接 EG. 由毕达哥拉斯定理我们得 $EG = AB$，因此 $\triangle ABC \cong \triangle EFG$. 所以 $\angle C = \angle G = 90°$. 证毕. □

> **定义 4.2（充要条件）**
>
> 假如 A 条件满足，那么就有 B 命题成立，我们称 A 条件是 B 命题成立的充分条件.
>
> 假如 B 命题成立的话，A 条件一定满足，我们称 A 条件是 B 命题成立的必要条件.
>
> 假如 A 条件是 B 命题成立的必要条件，又是 B 命题成立的充分条件，我们称 A 条件是 B 命题成立的充要条件.

用充要条件，我们可以完整地叙述毕达哥拉斯定理.

> **定理 4.8（毕达哥拉斯完整定理）**
>
> 一个给定的三角形是一个直角三角形的充要条件是它的两条边长平方的和是第三条边长的平方.

关于一个三角形是不是直角三角形还有一个判定方法.

> **定理 4.9（斜边中线定理）**
>
> 一个给定的三角形是一个直角三角形的充要条件是，它的一条边的中线的长度是这条边长的一半.

证明 （必要性）若给定的三角形是一个直角三角形，那么它的一条边上中线的长度是这条边长的一半.

如图 4.5 所示，我们假设 $\angle C = 90°$，CD 是 AB 上

的中线（也就是 $AD = DB$）. 过 D 作平行于 AC 的线段交 CB 于 E 点. 那么 E 是 CB 的中点，因而有

$$DE = DE, \quad \angle DEC = \angle DEB = 90°, \quad CE = BE$$

所以 $\triangle DEC \cong \triangle DEB$. 由此我们得到 $CD = BD = \dfrac{1}{2}AB$.

（充分性）若给定的三角形的一条边上中线的长度是这条边长的一半，那么它就是一个直角三角形.

如图 4.5 所示，我们假设 CD 是 AB 边的中线，且 $CD = AD = DB$. 那么 $\angle A = \angle ACD$，$\angle B = \angle DCB$. 结合三角形三个内角的和是 $180°$，我们推出 $\angle A + \angle B = 90°$，也就是 $\angle ACB = 90°$.

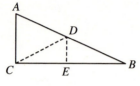

图 4.5 斜边中线定理

4.2.2 两个特殊的直角三角形

第一个特殊的直角三角形是等腰直角三角形，也就是，除了一个直角以外，另外两个角都是 $45°$. 假设一个直角边长为 a，那么另一个直角边长也为 a. 由毕达哥拉斯定理我们知道它的斜边长是 $\sqrt{2}a$.

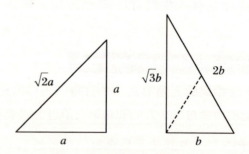

图 4.6 特殊的直角三角形

另一个特殊的直角三角形是内角为 $30°$，$60°$ 和 $90°$ 的直角三角形. 作斜边的中线，我们看到这个中线是斜边长的一半，并等于短的直角边长. 由毕达哥拉斯定理，我们知道它的边长分别为 b，$\sqrt{3}b$，$2b$.

4.3 三角函数的定义

由相似性，我们可以借助直角三角形来引入三角函数. 我们首先考虑当∠BAC 在 0°与 90°之间时的情况，如图 4.7(a) 所示.

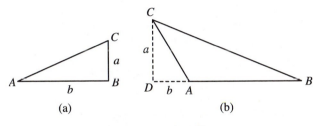

图 4.7 三角函数

定义 4.3（锐角三角函数）

在直角△ABC（∠B = 90°）中，我们定义∠A 的正弦(sine)函数和余弦(cosine)函数如下：

$$\sin \angle A = \frac{\angle A \text{ 所对的直角边长}}{\text{斜边长}} = \frac{BC}{AC}$$

$$\cos \angle A = \frac{\angle A \text{ 所邻的直角边长}}{\text{斜边长}} = \frac{AB}{AC}$$

当∠A ≠ 0°或 90°时，我们也可以定义正切(tangent)函数和余切(cotangent)函数：

$$\tan \angle A = \frac{\sin \angle A}{\cos \angle A}$$

$$\cot \angle A = \frac{\cos \angle A}{\sin \angle A}$$

从图像上容易看出：$\sin 0° = 0$，所以我们定义 $\tan 0° = 0$. 但是 $\cot 0°$ 就没有定义；同样，$\cos 90° = 0$，所以我们定义 $\cot 90° = 0$. 但是 $\tan 90°$ 就没有定义了.

当∠CAB 在 90°与 180°之间时，在△ABC 中，我们

延长 BA 并与从 C 点到 BA 的垂线交于 D 点，如图 4.7 (b) 所示. 我们定义

$$\sin \angle CAB = \frac{\angle A \text{ 所对的直角边长}}{\text{斜边长}} = \frac{CD}{AC}$$

$$= \sin \angle CAD = \sin(180° - \angle CAB)$$

$$\cos \angle CAB = -\frac{DA}{AC} = -\cos \angle CAD$$

$$= -\cos(180° - \angle CAB)$$

当 $\angle CAB$ 在 $90°$ 与 $180°$ 之间（不包括 $90°$ 和 $180°$）时，我们同样定义

$$\tan \angle CAB = \frac{\sin \angle CAB}{\cos \angle CAB}$$

$$\cot \angle CAB = \frac{\cos \angle CAB}{\sin \angle CAB}$$

作为三角函数的一个直接应用，我们可以把毕达哥拉斯定理写成

> **推论 4.2（毕达哥拉斯定理的三角函数表示）**
> 对任意的角 $\theta \in [0°, 180°]$，
> $$\cos^2 \theta + \sin^2 \theta = 1$$

在上面的推论中，我们引入了一个习惯的记号：
$$\cos^2 \theta = (\cos \theta)^2, \quad \sin^2 \theta = (\sin \theta)^2$$

4.4 三角形正弦和余弦定理

有了三角函数的定义，我们来推导有关三角形的两个漂亮的定理：正弦定理和余弦定理. 一个从数学里美妙的不变量关系得到，另一个由扩充的毕达哥拉斯定理而得.

4.4.1 正弦定理

在图 4.7(b) 里，我们计算 $\triangle ABC$ 的面积：

$$S_{\triangle ABC} = \frac{1}{2} AB \cdot CD$$

$$= \frac{1}{2} AB \cdot AC\sin\angle CAB$$

换一个角度，我们也可以得到

$$S_{\triangle ABC} = \frac{1}{2} BC \cdot BC\text{ 上的高}$$

$$= \frac{1}{2} BC \cdot AB\sin\angle CBA$$

$$= \frac{1}{2} BC \cdot AC\sin\angle ACB$$

三角形的面积是一个固定的量(一个不变量). 因而从上面的等式，我们得到

$$\frac{1}{2} BC \cdot AB\sin\angle CBA = \frac{1}{2} BC \cdot AC\sin\angle ACB$$

$$= \frac{1}{2} AB \cdot AC\sin\angle CAB$$

由此可以推出

$$\frac{\sin\angle CBA}{AC} = \frac{\sin\angle ACB}{AB} = \frac{\sin\angle CAB}{BC}$$

我们把上面的论证归结为

定理 4.10（正弦定理）

在一个非平凡的 $\triangle ABC$（所有的边长都大于零）中，

$$\frac{\sin\angle CAB}{BC} = \frac{\sin\angle CBA}{AC} = \frac{\sin\angle ACB}{AB}$$

4.4.2 余弦定理

在 $\triangle ABC$ 中，假设我们知道 $BC = a$，$AC = b$ 以及 AC 和 BC 的夹角（$\angle C$），我们能算出 AB 的边长（用 c 来表示）吗？

假如 AC 和 BC 的夹角 C 为 $90°$，我们自然可以用毕达哥拉斯定理得到 $c^2 = a^2 + b^2$. 那么 AC 和 BC 的夹角

C 不等于 $90°$ 呢？我们来推导下面的定理.

> **定理 4.11（余弦定理）**
>
> 在 $\triangle ABC$ 中，假设已知 $BC = a$，$AC = b$ 以及 AC 和 BC 的夹角 θ，那么 AB 的边长 c 满足
> $$c^2 = a^2 + b^2 - 2ab\cos\theta$$

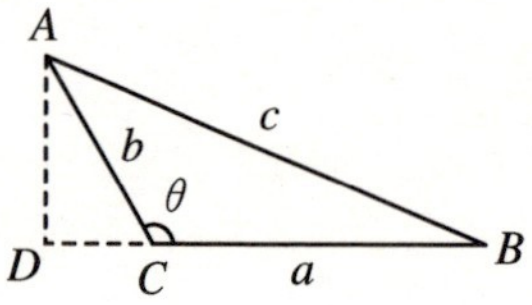

证明 我们来证明 $\theta > 90°$ 时的情形. $\theta < 90°$ 时的情形留作练习.

如图 4.8 所示，从 A 点作 BC 延长线的垂线交于 D 点. 由毕达哥拉斯定理，我们有
$$c^2 = AD^2 + DB^2$$
另一方面，由三角函数的定义，我们知道
$$AD = b\sin(180° - \theta) = b\sin\theta$$
$$DB = BC + b\cos(180° - \theta) = a - b\cos\theta$$
所以得到
$$\begin{aligned}c^2 &= AD^2 + DB^2 \\ &= (b\sin\theta)^2 + (a - b\cos\theta)^2 \\ &= b^2\sin^2\theta + b^2\cos^2\theta - 2ab\cos\theta + a^2 \\ &= b^2 - 2ab\cos\theta + a^2 \quad \text{（推论 4.2）}\end{aligned}$$ □

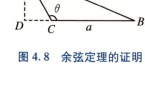

图 4.8 余弦定理的证明

我的笔记　　**日期：**

习题 4

1. 证明：等腰三角形的底边上任意一点到两个腰的

距离之和等于腰上的高.

2. 在直角 △ABC（∠C = 90°）中，过顶点 C 作 AB 边的垂线交 AB 于 D 点，E 是 AB 的中点.

(1) 证明：$CD^2 = AD \cdot BD$.

(2) 证明：$CE \geq CD$.

(3) 对任意两个正数 x 和 y，你能给下面的不等式一个几何（可视）的证明吗？

$$\frac{x+y}{2} \geq \sqrt{xy}$$

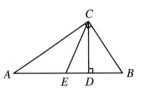

题 2 图

3. （角平分线）(1) 如图所示，过三角形的顶点 A 作角的平分线交 BC 边于 D. 证明

$$\frac{AC}{AB} = \frac{CD}{BD}$$

(2) 在 △ABC 中，已知 ∠A = 2∠B, AB = 1, AC = 2. 求 BC 的长.

(3) （一般情形）在 △ABC 中，已知 ∠A = 2∠B, AB = c, AC = b. 求 BC 的长.

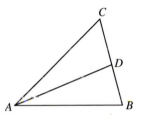

题 3 图

4. （挑战题：直线共点）(1) 证明：三角形的三条中线交于一点（我们习惯上称之为重心(centroid)）.

(2) 证明：三角形的三条垂线交于一点（我们习惯上称之为垂心(orthocenter)）.

(3) 证明：三角形的三条角平分线交于一点（我们习惯上称之为内心(incenter)）.

(4) （垂直平分线）给定一个线段. 平面上所有与这条线段的两个端点的距离相等的点的集合是这两个点连成的线段的垂直平分线. 证明：三角形的三条边的垂直平分线交于一点（我们习惯上称之为外心(circumcenter)）.

5. （挑战题：三角函数题的几何解）使用下图来计算：$\sin 15°$ 和 $\cos 15°$.

6. （挑战题：几何问题的代数化——希罗-秦九韶公式）假设一个三角形的三条边长分别是 a, b 和 c，那么就可以计算它的半周长 $P = (a+b+c)/2$. 希罗-秦九

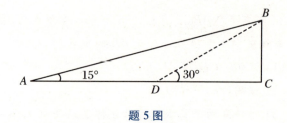

题 5 图

韶公式是说,这个三角形的面积 S 可以用下式计算:
$$S = \sqrt{P(P-a)(P-b)(P-c)}$$
证明希罗-秦九韶公式.

7. (研究及思考题:费马点的引入)考虑一个锐角 $\triangle ABC$. 过三条边分别向外作一个等边 $\triangle ABD$, $\triangle ACE$ 和 $\triangle BCF$. 连接点 A 和 F、点 B 和 E 所得的两个线段交于 G 点.

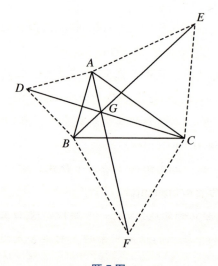

题 7 图

(1) 证明: $\triangle DAC \cong \triangle BAE$, $\triangle DBC \cong \triangle ABF$.

(2) 证明: $\angle AGB = 120°$.

(3) 证明: $AG + BG = DG$.

(4) 证明: 在 $\triangle ABC$ 中取任意一个点 H,都有
$$AG + BG + CG \leqslant AH + BH + CH$$

第 5 章
圆（圆周）

本 章 要 点

- 圆周角和圆心角
- 圆的弦
- 圆的切线
- 与圆相交的线段

5.1 圆

5.1.1 点的集合

几何图形也可以看成点的集合．比如，过两个不同的给定点的直线 L 可以看成所有这条直线上的点的集合．这些点和其中另一个点所连直线同直线 L 重合．

5.1.2 圆的定义

定义 5.1（圆）

在平面上给定一点 O．那么平面上所有与 O 有固定距离 r 的点的集合称为圆或圆周．点 O 称为圆心，距离 r 称为圆的半径．

考虑所有与一点的距离为常数的点集，我们得到圆周. 考虑所有点与两个不同点的距离关系,我们会得到什么呢？

注意 (垂直平分线)给定两个不同点. 平面上所有与这两个点的距离相等的点的集合是这两个点连成的线段的垂直平分线.

注意 (椭圆)给定两个不同点. 平面上所有与这两个点的距离的和是常数的点集是什么呢？我们在后面的圆锥曲线里会详述.

有了圆的定义,我们来看一下有关圆的线段和角.

> **定义 5.2（弦、圆周角及圆心角）**
>
> 我们称连接圆上两个点的线段为弦(chord). 称过圆心的弦(最长的弦)为直径(diameter),称圆心到圆周的线段为半径(radius). 由圆上的一点引出的两条弦的夹角称为圆周角(inscribed angle). 由圆心引出的两条半径的夹角称为圆心角(central angle).

例 5.1 在图 5.1 中,O 是圆心,AB 是直径,OA,OC,OB 是半径,AC 是弦;$\angle CAB$ 是圆周角,$\angle COB$ 是圆心角. 由定义,显然可知直径是半径的 2 倍.

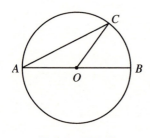

图 5.1　圆心角

5.2　圆周的几何性质

5.2.1　圆周角和圆心角的关系

从图 5.1 我们容易看到：AB 是直径,圆心 O 是它的中点,$\angle AOB = 180° = \pi$（弧度）.

一般地,对应同一个弧度的圆周角和圆心角有下面的性质.

规律 5.1（圆周角与圆心角）

在一个圆里对应同一个弧度的圆周角是圆心角的一半，因而对应同一个弧度的所有的圆周角都是相等的.

证明 如图 5.2 所示，我们来证明：$\angle BAC$ 是 $\angle BOC$ 的一半，以及 $\angle BEC$ 也是 $\angle BOC$ 的一半.

首先过 A 和圆心 O 作直径 AD. 因为 $OA = OB = $ 半径，所以 $\angle BAO = \angle ABO$. 因而 $\angle BOD = 2\angle BAD$. 同理，我们也得到 $\angle COD = 2\angle CAD$. 由此得

$$\angle BOC = \angle BOD + \angle COD$$
$$= 2\angle BAD + 2\angle CAD$$
$$= 2\angle BAC$$

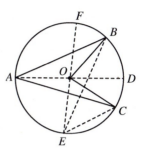

图 5.2　圆周角与圆心角

过 E 和圆心 O 作直径 EF. 同上证明，我们有 $\angle FOB = 2\angle FEB$，$\angle FOC = 2\angle FEC$. 因而

$$\angle BOC = \angle FOC - \angle FOB$$
$$= 2\angle FEC - 2\angle FEB$$
$$= 2\angle BEC \qquad \square$$

5.2.2　圆和直线的关系

1. 圆内的线段

我们先来看圆里的两条相交弦中的比例关系. 如图 5.3 所示，假设弦 AB 和 CD 交于 E 点. 由规律 5.1，我们知道 $\angle ACE = \angle DBE$，$\angle CAE = \angle BDE$. 因而得 $\triangle AEC \backsim \triangle DEB$，所以

$$\frac{AE}{DE} = \frac{CE}{BE}$$

我们把上面论述总结为下面的规律.

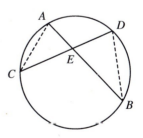

图 5.3　圆内相交弦

规律 5.2（相交弦比例关系）

假设圆上的两条弦 AB 和 CD 交于点 E，那么
$$AE \cdot BE = CE \cdot DE$$

这个规律的逆命题也是成立的. 见习题 5 第 2 题.

2. 圆外的点到圆的线段

由圆外一点 A 向圆周引一条射线有三种情形：

(1) 射线与圆没有交点．(2) 射线与圆只有一个交点．我们称射线与圆相切，并称该射线为圆的切线 (tangent line)．(3) 射线与圆有两个交点．我们称该射线为圆的割线 (secant)．

假如射线与圆没有交点，我们觉得它们没有太大关系，此处不予讨论．

我们来讨论射线与圆相切的情况．我们先看看直线外一点 A 到该直线的距离．

> **定义 5.3（点到直线的距离）**
>
> 直线 L 外一点 A 到直线 L 的距离定义为点 A 到直线 L 上任意一点的距离的最小值．

连接 A 点和直线 L 上的任一点 B．由毕达哥拉斯定理我们知道：当线段 $AB \perp L$ 时，AB 的值最小．所以我们有时也把直线 L 外一点 A 到该直线的距离定义为 A 到直线 L 的垂直线段的长．

假设从圆外一点 A 引一条射线与圆相切于 B 点（图 5.4）．我们称 B 点为切点．因为射线只与圆交于一点，所以圆心到射线的距离就是线段 OB 的长度，也就是说，$OB \perp AB$．

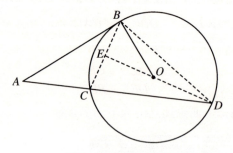

图 5.4 切线与割线

我们把以上的讨论归结为下面的规律．

规律 5.3（切点的性质）

圆心与切点的连线垂直切线.

我们再来看射线与圆相交的情况. 假设从圆外一点 A 引一条射线与圆相交于 C 和 D 点（图 5.4）. 连接 B 和 C 点、B 和 D 点，得到两条弦 BC 和 BD. 因为 AB 是圆的切线，我们习惯上称 $\angle ABC$ 及 $\angle ABD$ 为弦切角. 弦切角和圆周角有如下关系.

规律 5.4（弦切角）

如图 5.4 所示，弦切角 ABC 和圆周角 BDC 相等.

证明 由圆心 O 作 BC 的垂线交 BC 于 E 点. 因为 $OB = OC =$ 半径，所以 $\angle OBE = \angle OCE$. 我们又知道 $\angle OEB = \angle OEC = 90°$，$OE = OE$，所以 $\triangle OEB \cong \triangle OEC$. 由此我们得到 $\angle BOE = \dfrac{1}{2} \angle BOC = \angle BDC$.

另一方面，我们又知道 $\angle BOE + \angle EBO = 90°$，$\angle ABC + \angle EBO = 90°$（由规律 5.3 可得）. 所以 $\angle BOE = \angle ABC$.

综上所述，我们得到 $\angle ABC = \angle BDC$. □

在图 5.4 中，因为弦切角 ABC 和圆周角 BDC 相等，$\angle A$ 是一个公共角，我们得到 $\triangle ABC \backsim \triangle ADB$. 因此

$$\dfrac{AC}{AB} = \dfrac{AB}{AD}$$

我们把该结论总结为：

推论 5.1（相切和相交线段的比例关系）

从圆外一点 A 引圆 O 的一条切线交圆于 B 点，再从 A 引圆 O 的任意一条交线交圆于 C 和 D 两点. 那么

$$AB^2 = AC \cdot AD$$

注意到直径的两个端点对应的圆周角是 90°，所以直径是所有弦里最长的弦（直角三角形的斜边最长）. 另外，假如圆的一个内接三角形的一条边是直径，那么这个边对应的内角就是 90°；该三角形一定是个直角三角形.

5.3 一般三角函数

用笛卡儿坐标系，我们可以在单位圆（半径为 1 的圆）上来定义三角函数. 假设 $P(x, y)$ 是单位圆上的一点，它的坐标是 (x, y)，那么我们定义（图 5.5）

$$\sin \theta = y, \quad \cos \theta = x, \quad \tan \theta = \frac{y}{x} \quad (x \neq 0)$$

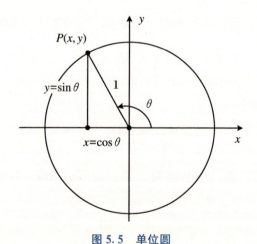

图 5.5 单位圆

由相似性可知，即使 $P(x, y)$ 不是单位圆上的一点（也不是原点），我们也可以定义三角函数 $\sin \theta$ 和 $\cos \theta$ 如下：

$$\sin \theta = \frac{y}{\sqrt{x^2 + y^2}}$$

$$\cos \theta = \frac{x}{\sqrt{x^2 + y^2}}$$

$$\tan \theta = \frac{y}{x} \quad (x \neq 0)$$

三角函数有以下简单的性质（更多三角函数的学习将在几何学习结束后）：

$$\sin^2 \theta + \cos^2 \theta = 1$$

$$\cos(\theta + 360°) = \cos \theta, \quad \sin(\theta + 360°) = \sin \theta$$

第一条性质无非是毕达哥拉斯定理的另一种写法．第二条性质是一般周期函数所具有的．

定义 5.4（周期函数）

给定一个函数 $f(x)$．假设有一个非零的数 T，使得对所有 x，都有 $f(x+T) = f(x)$，那么 $f(x)$ 就称为周期是 T 的周期函数．

例 5.2 验证 $t = \dfrac{2\pi}{3}$ 是函数 $f(x) = \sin 3x$ 的周期．

解 直接计算：

$$f\left(x + \frac{2\pi}{3}\right) = \sin\left[3\left(x + \frac{2\pi}{3}\right)\right]$$
$$= \sin(3x + 2\pi)$$
$$= \sin 3x = f(x)$$

由定义可得 $\dfrac{2\pi}{3}$ 是函数 $f(x) = \sin 3x$ 的周期．□

三角函数还有如下性质（若 θ 是一个锐角，下列公式可以从直角三角形里看出．对一般的角我们会在深度阅读里证明）：

$$\cos(90° - \theta) = \sin \theta$$
$$\sin(90° - \theta) = \cos \theta$$

定义 5.5（奇、偶函数）

假如实数集上定义的函数 $f(x)$ 满足：对所有的 x，都有 $f(x) = f(-x)$．这样的函数称为偶函数．

假如实数集上定义的函数 $g(x)$ 满足：对所有的 x，都有 $g(x) = -g(-x)$．这样的函数称为奇函数．

从三角函数的定义可以看出
$$\cos(-\theta) = \cos\theta$$
$$\sin(-\theta) = -\sin\theta$$
也就是说，余弦函数是偶函数，正弦函数是奇函数．在本章的深度阅读里，我们会给出三角函数的一些简单性质．

我的笔记　　　日期：

5.4　深度阅读：三角函数的性质

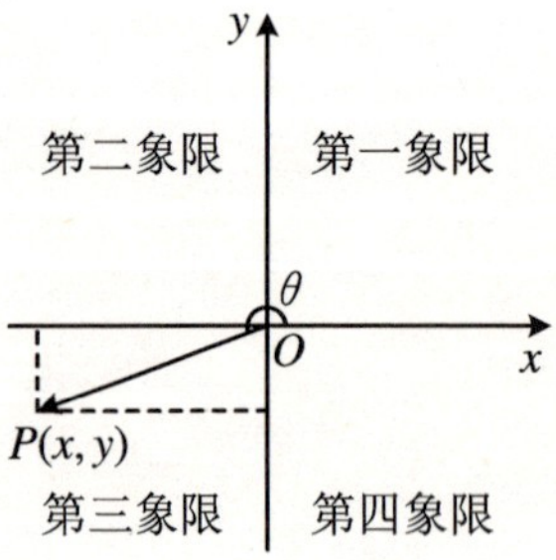

首先，我们来定义坐标系里的象限（quadrant）．如图 5.6 所示，x 轴和 y 轴将平面分割成四个区域，我们称之为第一象限、第二象限、第三象限及第四象限．

在第一象限里，点的坐标符号是（+，+）；在第二象限里，点的坐标符号是（-，+）；在第三象限里，点的坐标符号是（-，-）；在第四象限里，点的坐标符号是（+，-）．在图 5.6 中，角 θ 的指示边落在第三象限，所有 $\sin\theta$ 和 $\cos\theta$ 都是负值．

假如 θ 是一个锐角，那么我们从定义 4.3 可以看出
$$\cos(90° - \theta) = \sin\theta, \quad \sin(90° - \theta) = \cos\theta$$
当 θ 不是锐角的时候，比如图 5.6，θ 在第三象限（180°到270°之间），我们可以将 OP 顺时针旋转90°得到

图 5.6　象限图

OQ（图 5.7）．这样，$\angle AOQ = \theta - 90°$，$Q$ 点的坐标是 $(y, -x)$．所以

$$\cos(90° - \theta) = \cos(\theta - 90°) = \frac{y}{\sqrt{x^2 + y^2}} = \sin\theta$$

$$\sin(90° - \theta) = -\sin(\theta - 90°) = -\frac{-x}{\sqrt{x^2 + y^2}}$$

$$= \frac{x}{\sqrt{x^2 + y^2}} = \cos\theta$$

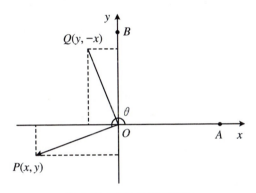

图 5.7　三角函数恒等式

类似地，也可以证明（证明留作习题）：

$$\cos(180° - \theta) = -\cos\theta$$
$$\sin(180° - \theta) = \sin\theta$$

　习　题　5

1．在 △ABC 的两个边 AB 和 AC 上分别作垂直平分线．假设这两条垂直平分线交于 O，证明：$OA = OB = OC$（O 是三角形的外心）．

2．给定两个相交的线段 AC 和 BD，交点是 E．假设 $AE \cdot EC = BE \cdot ED$，用反证法来证明：这两个线段的四个端点 A，B，C 和 D 在一个圆周上．

3．如图所示，由圆外一点 A 引与圆相交的两条射线分别交圆周于 B，C 点和 D，E 点．证明：

$$\triangle ADB \backsim \triangle ACE$$

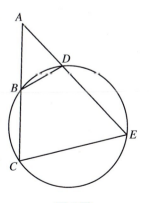

题 3 图

4. 由圆外一点 P 引与圆相交的一条割线交圆周于 B 和 D 点. 又由 P 作圆的两条切线 PA 和 PC. 证明:
$$AB \cdot CD = AD \cdot BC$$

5. 如图所示, 过 $\triangle ABC$ 的顶点 C 作 $\triangle ABC$ 外接圆的切线. 假设这条切线与 AB 的延长线相交于 D 点. 在 AD 上取一点 E, 使得 $DE = DC$. 证明:
$$\angle ACE = \angle BCE$$

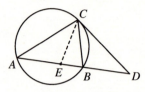

题 5 图

6. 假设两个圆外切于 P 点. 作一条直线分别交两个圆于 A, B, C, D 点. 证明:
$$\angle APD + \angle BPC = 180°$$

7. 对任意的角 θ, 证明:
$$\cos(180° - \theta) = -\cos\theta$$
$$\sin(180° - \theta) = \sin\theta$$

第 6 章
几何与代数

本章要点

- 向量
- 向量的加法和数乘
- 向量的内积
- 直线和圆的方程
- 参数方程
- 向量函数
- 复平面上的复数
- 柯西-施瓦茨不等式

6.1 向量

我们在这一章开始介绍有序的"数对":将两个数有次序地放在一起,把它们看作一个量(或元素).对这样的量,我们可不可以引入代数运算?能的话,这些运算会给人们带来哪些好处?

6.1.1 向量的定义

简单地讲,一个二维向量(有两个分量)就是一对有序数.比如向量 (3, 2),指明它是个有序的数对,也就是要强调不同次序的数对代表不同的向量,比如,(2, 3) ≠ (3, 2).向量的第一个数称为第一个分量,第二个数称为第二个分量.人们当然也引入了高维向量，甚至无限维向量．大家在以后的学习中会接触到．

一个数可以在数轴上表示出来，一个向量也可以在坐标系里表示出来．如图 6.1 中，A 点的坐标是 $(3，1)$．我们将原点 O 与 A 点相连，得到从 O 到 A 的有向线段 $\overrightarrow{OA}$ 就可以用来表示向量 $(3，1)$，$\overrightarrow{OA} = (3，1)$．因为向量 $\overrightarrow{OA}$ 的起始点是原点，我们习惯上称之为位置向量．我们也可以用图 6.1 中有向线段 $\overrightarrow{AB}$ 来表示另一个向量．在我们介绍了向量的运算后再来讨论这个向量．

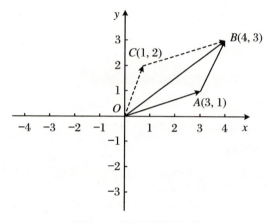

图 6.1 坐标系里的向量

6.1.2 向量的加法和数乘

给定两个向量 $u = (a，b)$ 和 $v = (c，d)$，我们首先来看向量的加法．

定义 6.1（向量加法）

给定两个向量 $u = (a，b)$ 和 $v = (c，d)$，我们定义它们的和是
$$u + v = (a + c，b + d)$$

简单地说，向量相加就是相应的分量相加（第一个分量加第一个分量，第二个分量加第二个分量）．同数的加法一样，向量加法也遵循交换律和结合律的代数运算法则．

规律 6.1（向量加法的交换律）

给定两个向量 $u=(a,b)$ 和 $v=(c,d)$，那么
$$u+v=v+u$$

证明

$$\begin{aligned}
u+v &= (a+c, b+d) \quad \text{（向量加法的定义）}\\
&= (c+a, d+b) \quad \text{（加法的交换律）}\\
&= v+u \quad \text{（向量加法的定义）} \quad \square
\end{aligned}$$

类似地，我们也能得到：

规律 6.2（向量加法的结合律）

给定三个向量 $u=(a,b)$，$v=(c,d)$ 和 $w=(h,k)$，那么
$$(u+v)+w = u+(v+w)$$

✎ **练习 6.1**

利用加法的结合律，证明向量加法的结合律.

给定一个向量 $u=(a,b)$，我们计算 $u+u=(2a,2b)$。很自然地，我们也希望定义 $u+u=2u$（两个向量 u）。

更一般地，我们引入向量数乘（scalar product）的概念.

定义 6.2（向量的数乘及减法）

给定任意一个实数 λ 和任意一个向量 $u=(a,b)$。定义
$$\lambda u = (\lambda a, \lambda b)$$
假如 $v=(c,d)$ 是另一个任意向量。我们定义向量减法如下：
$$u-v = u+(-1)v = (a-c, b-d)$$

由定义，我们得到更一般的公式：对任意的两个实数 α，β 和两个向量 $u=(a,b)$，$v=(c,d)$，有
$$\alpha u + \beta v = (\alpha a + \beta c, \alpha b + \beta d) \quad (6.1)$$

6.1.3 向量运算的几何意义

从定义可以看出：对任意非零数 λ 和非零向量 u（至少有一个分量不是零），在坐标系里，$\lambda u \parallel u$. 反之，如果两个非零的向量 u 和 v 平行的话，那一定有一个非零数 λ，使得 $u = \lambda v$.

在一个坐标系里，向量相加和相减也有可视的几何意义. 如图 6.1 中，$\overrightarrow{OB} - \overrightarrow{OA} = (1, 2) = \overrightarrow{OC}$. 注意到平行四边形 $OCBA$ 里有向线段 $\overrightarrow{AB}$ 和有向线段 $\overrightarrow{OC}$ 平行且长度相等，我们说有向线段 $\overrightarrow{AB}$ 表示同一向量，也就是 $\overrightarrow{AB} = (1, 2)$. 向量 $\overrightarrow{AB}$ 不再是位置向量，而是由线段的终点坐标减去初始点的坐标而得的向量；它也可以看作由线段的终点位置向量 $\overrightarrow{OB}$ 减去线段的初始点位置向量 $\overrightarrow{OA}$ 所得.

更加直接地来看图 6.2. 假如一个平行四边形的两条相邻边是向量 u 和 v，那么 $u + v$ 和 $u - v$ 是这个平行四边形的两条对角线所代表的向量（习惯上，我们称之为"向量加减的平行四边形法则"）.

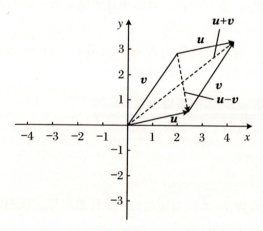

图 6.2 向量加减的平行四边形法则

6.2　内积

向量与向量的乘积是个非常复杂的问题. 这里我们只介绍向量与向量的内积.

定义 6.3（向量的内积）

对任意的两个向量 $u=(a,b)$ 和 $v=(c,d)$，我们定义它们的内积为
$$u \cdot v = ac + bd \qquad (6.2)$$

由内积的定义，我们来验证内积满足下面的代数运算法则.

规律 6.3（内积的代数运算法则）

对任意的两个实数 α, β 和三个向量 u，v 和 w，我们有
$u \cdot v = v \cdot u$　　（内积交换律）
$u \cdot (\alpha v + \beta w) = \alpha u \cdot v + \beta u \cdot w$　　（内积分配律）

证明　假设 $u=(a,b)$，$v=(c,d)$，$w=(e,f)$.
由内积的定义，我们有
$$u \cdot v = ac + bd$$
$$v \cdot u = ca + db$$
由数的乘法的交换律，我们知道 $ac+bd=ca+db$. 所以 $u \cdot v = v \cdot u$.

内积分配律的证明留作练习.　　□

✎ **练习 6.2**

证明内积分配律.

对给定的向量 $u=(a,b)$，我们看到它可以用坐标系里由原点 $(0,0)$ 到点 (a,b) 的有向线段来表示. 这个线段的长度就叫作向量的长度，并记作 $|u|$. 由毕达哥拉斯定理及内积的定义，我们有下面的计算

公式：
$$|u| = \sqrt{a^2 + b^2} = \sqrt{u \cdot u} \qquad (6.3)$$

坐标系里 $A(x_1, y_1)$ 点到 $B(x_2, y_2)$ 点的距离就是线段 AB 的长度，因而也就是向量 $\overrightarrow{AB} = (x_2 - x_1, y_2 - y_1)$ 的长度．所以我们有以后常用的点到点的距离公式．

> **规律 6.4**（两点间距离公式）
>
> $A(x_1, y_1)$ 点到 $B(x_2, y_2)$ 点的距离，记作 $d(A, B)$，由下面的公式给出：
> $$d(A, B) = \sqrt{(x_2 - x_1)^2 + (y_2 - y_1)^2} \qquad (6.4)$$

来看任意两个向量 $u = (a, b)$ 和 $v = (c, d)$，以及它们所对应的从原点出发的有向线段．我们定义这两条线段所夹的角就是这两个向量所夹的角．我们来揭示向量内积的最伟大的应用：借助于代数运算，我们可以（也可以教机器）用内积来计算两个向量的夹角．这个思想就可以让我们人类来教会机器怎么来"看"两个向量的夹角：人们只要设计程序来让机器能作内积的代数运算即可．

> **定理 6.1**（向量的夹角）
>
> 假设两个长度不为零的向量 u 和 v 的夹角是 $\theta \in [0°, 180°]$，那么有
> $$\cos\theta = \frac{u \cdot v}{|u| \, |v|} \qquad (6.5)$$

证明 如图 6.3 所示，由余弦定理我们知道
$$AB^2 = OA^2 + OB^2 - 2OA \cdot OB \cdot \cos\theta$$
用向量来表示就是
$$|u - v|^2 = |u|^2 + |v|^2 - 2|u| \cdot |v| \cdot \cos\theta$$
另一方面，我们有
$$|u - v|^2$$
$$= (u - v) \cdot (u - v)$$
$$= (u - v) \cdot u - (u - v) \cdot v \qquad \text{（内积分配律）}$$

$$= u \cdot u - u \cdot v - v \cdot u + v \cdot v \quad (\text{内积分配律})$$
$$= u \cdot u - u \cdot v - u \cdot v + v \cdot v \quad (\text{内积交换律})$$
$$= |u|^2 - 2u \cdot v + |v|^2$$

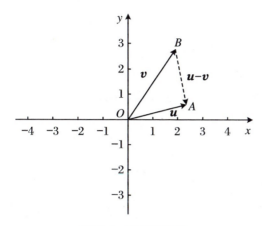

图 6.3　向量的夹角

把上面两个等式作对比，就得
$$u \cdot v = |u| \cdot |v| \cdot \cos\theta$$
因而
$$\cos\theta = \frac{u \cdot v}{|u||v|} \qquad \square$$

定理 6.1 有下面简单的但非常有用的推论.

推论 6.1（向量的垂直判定）

> 两个长度不为零的向量 u 和 v 相互垂直的充要条件是 $u \cdot v = 0$.

值得一提的是，高维向量的内积在统计学里被广泛应用于检测两组数据的相关性.

几何与代数的密切关系还可以从下面一次、二次方程的曲线表示看出来.

6.3 直线方程

我们首先来看一次方程
$$y = ax + b$$
在坐标系里，我们描绘出足够多的下面集合的点：
$$\{(x, y) \mid y = ax + b\}$$
我们就会看出这些点组成一条直线．习惯上，我们称一次方程 $y = ax + b$ 在坐标系里表示一条直线．

✎ **练习 6.3**

验证 $cy = ax + b$ 在坐标系里总是表示一条直线，只要系数 a，c 不同时是零．

另一方面，欧几里得公理指出：过两个不同的点决定一条直线．我们在坐标系里来看过两点 $A(x_1, y_1)$ 和 $B(x_2, y_2)$ 的直线方程．

我们先看 $x_1 \neq x_2$ 及 $y_1 \neq y_2$ 的情形（这不是一条平行 x 轴的线，也不是一条平行 y 轴的线）．假设 $P(x, y)$ 是直线上任意一个不同于 A 和 B 的点．不失一般性，我们假设 $x \neq x_2$．那么 $y \neq y_2$（否则它就是一条平行 x 轴的线了）．因为 $\overrightarrow{AP} /\!/ \overrightarrow{PB}$，所以有一个非零数 λ，使得
$$(x - x_1, y - y_1) = \lambda(x - x_2, y - y_2) \quad (6.6)$$
也就是
$$x - x_1 = \lambda(x - x_2), \quad 且 \quad y - y_1 = \lambda(y - y_2)$$
由此可得
$$\frac{x - x_1}{x - x_2} = \frac{y - y_1}{y - y_2}$$
所以，当 $x \neq x_1$ 且 $x \neq x_2$ 时，
$$\frac{y - y_1}{x - x_1} = \frac{y - y_2}{x - x_2} \quad (6.7)$$
假如 $x_1 = x_2$ 但 $y_1 \neq y_2$，我们得到一条平行 y 轴的

直线

$$x = x_1 \qquad (6.8)$$

假如 $x_1 \neq x_2$ 但 $y_1 = y_2$，我们得到一条平行 x 轴的直线

$$y = y_1 \qquad (6.9)$$

公式（6.7）习惯上称为直线方程的两点式.

定义 6.4（斜率）

在一条不平行 y 轴的直线上任意取两个不同的点 (x_1, y_1) 和 (x_2, y_2). 定义这条直线的斜率 k 为

$$k = \frac{y_2 - y_1}{x_2 - x_1}$$

假如我们知道一条直线过点 (x_1, y_1) 且它的斜率是 k，那么由公式（6.7），我们得到

$$y = k(x - x_1) + y_1 \qquad (6.10)$$

公式（6.10）习惯上称为直线方程的点斜式.

例 6.1 在给定的直线方程 $y = kx + b$ 上取两个不同的点 (x_1, y_1) 和 (x_2, y_2)（$x_1 \neq x_2$）. 那么

$$y_1 = kx_1 + b, \quad y_2 = kx_2 + b$$

两个方程相减，就得 $y_2 - y_1 = k(x_2 - x_1)$. 也就是，这里的 $k = \dfrac{y_2 - y_1}{x_2 - x_1}$ 事实上是该直线的斜率. □

另一种表达直线的方式是使用直线的法向量 $\boldsymbol{n}$.

定义 6.5（法向量）

假如一个非零向量 $\boldsymbol{n} = (a, b)$ 垂直一条直线上任意两个不同的点连成的向量，我们就称它是这条直线的法向量.

例 6.2 对给定的直线方程 $y = kx + b$，我们知道 k 是该直线的斜率. 取两个不同的点 (x_1, y_1) 和 (x_2, y_2)（$x_1 \neq x_2$）. 那么

$$y_1 = kx_1 + b, \quad y_2 = kx_2 + b$$

两个方程相减，就得 $y_2 - y_1 = k(x_2 - x_1)$，也就是
$$(x_2 - x_1, y_2 - y_1) \cdot (k, -1) = 0$$
因此，$n = (k, -1)$ 就是该直线的一个法向量.

假如我们知道一条直线的法向量是 $n = (a, b)$，且该直线过一点 (x_1, y_1). 那么，对直线上任一点 (x, y)，我们就有
$$(x - x_1, y - y_1) \cdot (a, b) = 0$$
乘开化简后得
$$a(x - x_1) + b(y - y_1) = 0 \qquad (6.11)$$
我们可以称上面的直线表达式为法向式. 假如直线的法向量 $n = (a, b)$ 的第二个分量 $b \neq 0$，那么它的斜率 $m = -\dfrac{a}{b}$；假如 $b = 0$，我们也可以看到这是一条平行于 y 轴的直线. 显然，法向式更一般：不管直线是竖的还是横的都可以用它来表示（高维的超平面的表示会用同一个思想）.

我们再来看两条垂直直线的代数关系.（我们能训练机器狗读懂垂线吗？）假设有两条直线 $\mathscr{L}_1: a_1 x + b_1 y = c_1$ 和 $\mathscr{L}_2: a_2 x + b_2 y = c_2$. 它们互相垂直的充要条件就是它们的法向量互相垂直，也就是
$$(a_1, b_1) \cdot (a_2, b_2) = a_1 a_2 + b_1 b_2 = 0$$
假如它们都不是竖直线，那么它们的斜率分别是 $m_1 = -\dfrac{a_1}{b_1}$，$m_2 = -\dfrac{a_2}{b_2}$. 因而我们有如下的规律.

> **规律 6.5（垂直直线的斜率关系）**
>
> 给定两条直线，它们的斜率分别是 m_1 和 m_2，那么它们互相垂直的充要条件就是
> $$m_1 \cdot m_2 = -1$$

6.4 圆的方程

这里,我们来学习坐标系里圆心在 $O(x_0, y_0)$、半径是 r ($r>0$) 的圆的方程.

坐标系里给定一个点 $P(x, y)$. 它是上面圆上一个点的充要条件是

从 P 到 O 的距离 $= PO = r$

也就是

$$\sqrt{(x-x_0)^2 + (y-y_0)^2} = r$$

因为 $(x-x_0)^2 + (y-y_0)^2 > 0$,而 r 是一个正数,上式等价于

$$(x-x_0)^2 + (y-y_0)^2 = r^2 \qquad (6.12)$$

所以方程 (6.12) 就是坐标系里圆心在 $O(x_0, y_0)$、半径是 r 的圆的方程. 我们称之为圆的标准方程.

例 6.3 对给定的方程

$$x^2 + y^2 + 2x + 6y = 0$$

我们可以通过配方法把它变为标准方程:

$$(x+1)^2 + (y+3)^2 = 10 = (\sqrt{10})^2$$

这表示圆心在 $(-1, -3)$、半径为 $\sqrt{10}$ 的圆. □

例 6.4 写出圆方程 $x^2 + y^2 + 4x + 6y = 3$ 的标准方程,并由此得到它的圆心和半径.

解 通过配方法将原方程化为

$$x^2 + 4x + 4 + y^2 + 6y + 9 = 16$$

得到标准方程:

$$(x+2)^2 + (y+3)^2 = 4^2$$

这是个半径为 4、圆心在 $(-2, -3)$ 点的圆的方程. □

6.5 参数方程及向量函数

曲线的另一个表达形式是它的参数方程. 打个比方：假如我们知道曲线在任何时刻的坐标，那我们(甚至机器)就能刻画这条曲线. 我们用

$$\begin{cases} x = x(t) & (\alpha \leqslant t \leqslant \beta) \\ y = y(t) & (\alpha \leqslant t \leqslant \beta) \end{cases}$$

来表示.

考虑过点 (x_1, y_1) 且平行于向量 (a, b) 的直线. 若 (x, y) 是它上面的一个点，那么向量 $(x - x_1, y - y_1)$ 就平行于向量 (a, b). 也就是，有一个常数 t，使得 $(x - x_1, y - y_1) = t(a, b)$. 写成分量的形式，我们就得到直线的参数方程：

$$\begin{cases} x = x_1 + at & (-\infty < t < \infty) \\ y = y_1 + bt & (-\infty < t < \infty) \end{cases} \quad (6.13)$$

考虑圆心在原点的圆的方程. 假设连接圆心与圆上任意一点 (x, y) 的半径与 x 轴的夹角是 t，t 的范围是从 0 到 2π. 那么，由三角函数的定义，我们直接得到圆的参数方程：

$$\begin{cases} x = r\cos t & (0 \leqslant t \leqslant 2\pi) \\ y = r\sin t & (0 \leqslant t \leqslant 2\pi) \end{cases} \quad (6.14)$$

参数方程的一个显著优点就是：可以用机器来画图. 参数方程的一个显著缺点是：从图里不太容易看到参数(你能从照片里看出时间吗？).

我们也可以把参数方程写成向量的形式：$(x(t), y(t))$. 若向量的分量是函数式，我们称它为向量函数. 向量函数的运算(加法、数乘、内积等)同一般的向量运算是一样的.

6.6 复数的再次引入

我们在《代数与计算入门》里粗略介绍了复数. 这里我们从代数(运算的角度)和几何(向量的角度)的不同视角来学习复数的运算和应用.

虚数(imaginary number) 单位 i 作为 -1 的平方根在公元 1 世纪就由希腊数学家希罗提出(Hero of Alexandria, 也就是发现希罗 $-$ 秦九韶公式的希罗. 见习题 4 第 6 题). 在吉罗拉莫·卡尔达诺(Girolamo Cardano, 意大利文艺复兴时期百科全书式的学者)求解三次方程时再次得到重视, 最终在 18 世纪初因为棣莫弗及欧拉公式的发现而得到广泛的应用.

6.6.1 复数的定义和运算

初始的想法无非是给出方程

$$x^2 = -1 \qquad (6.15)$$

的一个解.

我们引入一个虚数单位 i 的定义.

定义 6.6（虚数单位 i）

虚数单位 i 定义为
$$i = \sqrt{-1}$$
其最主要的性质是
$$i^2 = -1$$

所以 $x_1 = i$ 是方程 (6.15) 的一个解. 也可以验证
$$(-i)^2 = (-1) \times (-1) \times i \times i = -1$$
也就是 $x_2 = -i$ 是方程 (6.15) 的第二个解. 为了区别, 我们更严格地定义虚数 i 是 -1 的主平方根(我们稍后会介绍主辐角及主次方根).

一般的复数定义是这样的:

> **定义 6.7（复数）**
>
> 对任意两个实数 a，b，我们定义 $a+bi$ 为一个复数，并称 a 为实部，b 为虚部.

复数的引入会使数的系统成为数学上所说的"完备"系统，尤其使得大数学家高斯（Gauss）可以论证**代数基本定理**：每个以复数为系数的次数为 n 的多项式方程有 n 个复数解. 遗憾的是，这个"基本"定理的证明一般是在大学数学专业的"复变函数"课里给出的，所以这个地球上 99.9% 以上的人都不知道它的证明，我们只能在这忽略它.

既然复数也是个数，实数的加减乘除运算以及整数次幂的运算也对复数适用.

例 6.5 计算：

(1) $3+i+(4-2i)$；

(2) $(1+\sqrt{3}i)^2$.

解（1）

$$3+i+(4-2i)$$
$$=3+i+4-2i \quad \text{（加法结合律）}$$
$$=3+4+i-2i \quad \text{（加法交换律）}$$
$$=7+(1-2)i \quad \text{（加法结合律及分配律）}$$
$$=7-i$$

(2)

$$(1+\sqrt{3}i)^2=(1+\sqrt{3}i)\cdot(1+\sqrt{3}i) \quad \text{（平方的定义）}$$
$$=1+2\sqrt{3}i+(\sqrt{3})^2 i^2 \quad \text{（运算法则）}$$
$$=1+2\sqrt{3}i+3\cdot(-1) \quad \text{（i 的定义）}$$
$$=-2+2\sqrt{3}i \quad \square$$

引入复数后，我们就可以在复数域里解一元二次方程了.

例 6.6 在复数域里解方程：

(1) $x^2=-3$；

(2) $x^2-2x+4=0$.

解 （1）通过观察可见：$(\sqrt{3}\mathrm{i})^2 = 3\mathrm{i}^2 = -3$；同样，$(-\sqrt{3}\mathrm{i})^2 = 3\mathrm{i}^2 = -3$. 所以原方程的两个解是 $x_1 = \sqrt{3}\mathrm{i}$ 和 $x_2 = -\sqrt{3}\mathrm{i}$.

也可以这样解：原方程等价于 $\left(\dfrac{x}{\sqrt{3}}\right)^2 = -1$. 由方程 (6.15) 的解我们知道 $\dfrac{x}{\sqrt{3}} = \mathrm{i}$ 或 $\dfrac{x}{\sqrt{3}} = -\mathrm{i}$. 也就是原方程有两个解：$x_1 = \sqrt{3}\mathrm{i}$ 和 $x_2 = -\sqrt{3}\mathrm{i}$.

(2)
$$x^2 - 2x + 4 = 0$$
$$\Leftrightarrow x^2 - 2x + 1 + 3 = 0$$
$$\Leftrightarrow (x-1)^2 = -3$$
$$\Leftrightarrow x - 1 = \sqrt{3}\mathrm{i} \quad \text{或} \quad x - 1 = -\sqrt{3}\mathrm{i}$$

所以原方程有两个解：$x_1 = 1 + \sqrt{3}\mathrm{i}$ 和 $x_2 = 1 - \sqrt{3}\mathrm{i}$. □

✎ **练习 6.4**

验证 $x = 1 + \sqrt{3}\mathrm{i}$ 是方程 $x^2 - 2x + 4 = 0$ 的解.

知道了 -1 的平方根以后，那么我们会问 i 的平方根又是什么？一般复数的平方根又如何求呢？

6.6.2 复数的模和辐角

要回答上面的问题，我们来学习复数的另一种表示. 这里我们需要用到三角函数的知识.

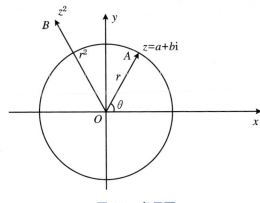

图 6.4 复平面

假设 $z = a + bi$（a，b 是两个实数），那么
$$z = a + bi = \sqrt{a^2 + b^2} \cdot \left(\frac{a}{\sqrt{a^2 + b^2}} + \frac{bi}{\sqrt{a^2 + b^2}} \right)$$

其中 $\sqrt{a^2 + b^2}$ 称为复数 z 的模，记作 $|z|$. 我们令
$$r = |z|$$
$$\cos \theta = \frac{a}{\sqrt{a^2 + b^2}}$$
$$\sin \theta = \frac{b}{\sqrt{a^2 + b^2}}$$

这里我们限制角度 $\theta \in [0, 2\pi)$，并称 θ 为复数 z 的主辐角。

数学上，我们可以使用无限序列来定义 $e^{i\theta}$（在学习微积分学中泰勒级数时会学到）. 欧拉（Euler）也发现了下面的公式：

规律 6.6（欧拉公式）

对任给的弧度角 θ（弧度），
$$e^{i\theta} = \cos \theta + i \sin \theta$$

所以我们就可以把模为 r、主辐角为 θ 的复数写为
$$z = re^{i\theta}$$

另一方面，我们也有下面的棣莫弗（Abraham de Moivre）发现的公式：

规律 6.7（棣莫弗公式）

对任给的两个角度 α 和 β，
$$(\cos \alpha + i \sin \alpha)(\cos \beta + i \sin \beta) = \cos(\alpha + \beta) + i \sin(\alpha + \beta)$$

这个公式的一个显然的推论是：对任给的角 α 和自然数 n，
$$(\cos \alpha + i \sin \alpha)^n = \cos n\alpha + i \sin n\alpha \quad (6.16)$$

对任意的复数 $z = a + bi$，我们定义
$$e^{a+bi} = e^a \cdot e^{ib} = e^a \cos b + i e^a \sin b$$

有了欧拉公式及棣莫弗公式，我们可以得到指数为复数的指数运算法则．

> **规律 6.8（复数的指数运算）**
> 对任意的两个复数 z 和 w，我们有
> $$e^z \cdot e^w = e^{z+w}$$

证明 假设 $z = a + b\mathrm{i}$，$w = c + d\mathrm{i}$，这里 a，b，c，d 都是实数．那么
$$e^{z+w} = e^{(a+c)+(b+d)\mathrm{i}}$$

另一方面，有

$$\begin{aligned}
e^z \cdot e^w &= e^a \cdot e^{b\mathrm{i}} \cdot e^c \cdot e^{d\mathrm{i}} \quad &\text{（定义）} \\
&= e^a \cdot e^c \cdot e^{b\mathrm{i}} \cdot e^{d\mathrm{i}} \quad &\text{（交换律）} \\
&= e^{a+c} \cdot e^{(b+d)\mathrm{i}} \quad &\text{（棣莫弗公式）} \\
&= e^{(a+c)+(b+d)\mathrm{i}} \quad &\text{（定义）} \quad \square
\end{aligned}$$

显然，对任意的整数 n 和任意一个复数 z，我们有
$$(e^z)^n = e^{nz}$$

但是，当 n 不是整数时，上式的意义就比较模糊．事实上，为避免混淆，我们一般不会用 $\mathrm{i}^{\frac{1}{2}}$ 或 $\sqrt{\mathrm{i}}$ 这样的记号来表示 i 的一个平方根（因为任何复数都有两个平方根）．

6.6.3 方程的所有解

不太难验证：
$$\mathrm{i} = \cos\frac{\pi}{2} + \mathrm{i}\sin\frac{\pi}{2} = e^{\frac{\pi}{2}\mathrm{i}}$$

所以
$$x_1 = e^{\frac{\pi\mathrm{i}}{4}} = \cos\frac{\pi}{4} + \mathrm{i}\sin\frac{\pi}{4} = \frac{\sqrt{2}}{2} + \frac{\sqrt{2}}{2}\mathrm{i}$$

是 i 的一个平方根（因为这里我们用了 i 的主辐角，这个平方根也称为 i 的主平方根）．另一个平方根是
$$x_2 = e^{\frac{2\pi}{2} + \frac{\pi\mathrm{i}}{4}} = \cos\frac{5\pi}{4} + \mathrm{i}\sin\frac{5\pi}{4} = -\frac{\sqrt{2}}{2} - \frac{\sqrt{2}}{2}\mathrm{i}$$

例 6.7 在复数域里解方程：

(1) $x^2 = 1 + \sqrt{3}\mathrm{i}$；

(2) $x^4 = -1$.

解 (1) 注意到

$$1 + \sqrt{3}i = 2\left(\frac{1}{2} + \frac{\sqrt{3}}{2}i\right) = 2e^{2\pi ki + \frac{\pi}{3}i}, \quad k = 0, 1$$

所以

$$x_0 = \sqrt{2}\, e^{\frac{\pi}{6}i} = \frac{\sqrt{6}}{2} + \frac{\sqrt{2}}{2}i$$

$$x_1 = \sqrt{2}\, e^{\pi i + \frac{\pi}{6}i} = -\frac{\sqrt{6}}{2} - \frac{\sqrt{2}}{2}i$$

是原方程的两个解.

(2) 注意到

$$-1 = e^{2\pi ki + \pi i}, \quad k = 0, 1, 2, 3$$

所以

$$x_k = e^{\frac{2\pi k}{4}i + \frac{\pi}{4}i}, \quad k = 0, 1, 2, 3$$

都满足 $x^4 = -1$,也就是

$$x_0 = e^{\frac{\pi}{4}i} = \frac{\sqrt{2}}{2} + \frac{\sqrt{2}}{2}i \quad (-1\text{ 的主 4 次方根})$$

$$x_1 = e^{\frac{2\pi}{4}i + \frac{\pi}{4}i} = -\frac{\sqrt{2}}{2} + \frac{\sqrt{2}}{2}i$$

$$x_2 = e^{\frac{4\pi}{4}i + \frac{\pi}{4}i} = -\frac{\sqrt{2}}{2} - \frac{\sqrt{2}}{2}i$$

$$x_3 = e^{\frac{6\pi}{4}i + \frac{\pi}{4}i} = \frac{\sqrt{2}}{2} - \frac{\sqrt{2}}{2}i$$

我的笔记　　**日期:**

6.7 深度阅读：广义的内积与柯西-施瓦茨不等式

广义的内积是定义在一个向量空间上的．我们这里只考虑 n 维向量空间 $\mathbb{R}^n$（比如我们常用的二维向量空间 $\mathbb{R}^2$ 或三维向量空间 $\mathbb{R}^3$）．

定义 6.8（广义的内积）

向量空间 $\mathbb{R}^n$ 上的内积运算是一个映照（mapping），记作 $[\cdot,\cdot]$．它把两个向量映到一个实数，并满足下列二个性质：

(1) 线性性质：假如 a, b 是两个实数，u, v, w 是三个向量，那么
$$[au+bv,w]=a[u,w]+b[v,w]$$
(2) 对称性：对任意两个向量 u 和 v，有
$$[u,v]=[v,u]$$
(3) 正定性：对任意一个向量 u，有
$$[u,u]\geqslant 0, \quad 且 \quad [u,u]=0\Leftrightarrow u=\mathbf{0}$$

例 6.8 对任意两个二维向量空间 $\mathbb{R}^2$ 中的向量 $u=(u_1,u_2)$ 和 $v=(v_1,v_2)$，定义
$$[u,v]_{new}=u_1v_1+2u_2v_2$$
验证 $[\cdot,\cdot]_{new}$ 是一个内积．

证明 (1) 对任给的两个数 a, b 和三个向量 $u=(u_1,u_2)$, $v=(v_1,v_2)$ 和 $w=(w_1,w_2)$，我们有
$$[au+bv,w]_{new}$$
$$=[(au_1+bv_1,au_2+bv_2),w]_{new}$$
$$=au_1w_1+bv_1w_1+2au_2w_2+2bv_2w_2$$
$$=au_1w_1+2au_2w_2+bv_1w_1+2bv_2w_2$$
$$=a[u,w]_{new}+b[v,w]_{new}$$
所以 $[\cdot,\cdot]_{new}$ 满足线性性质．

(2) 对称性由乘法的交换律显然可得.

(3) 对任给向量 $u = (u_1, u_2)$，有
$$[u,u]_{\text{new}} = u_1^2 + 2u_2^2 \geqslant 0$$

另一方面，有
$$[u,u]_{\text{new}} = 0 \iff u_1^2 + 2u_2^2 = 0$$
$$\iff u_1 = 0, u_2 = 0$$
$$\iff u = 0 \qquad \square$$

在一个向量空间上引入内积以后，我们就可以定义一个向量 u 的长度(记作 $|u|$)：
$$|u| = \sqrt{[u,u]}$$

我们也可以测量两个向量所夹的角. 这主要归功于下面的柯西-施瓦茨不等式(Cauchy-Schwarz inequality)：

> **定理 6.2（柯西-施瓦茨不等式）**
> 对任意两个向量 u 和 v，我们都有
> $$|[u,v]| \leqslant |u||v|$$
> 或者
> $$-|u||v| \leqslant [u,v] \leqslant |u||v|$$

证明 对任意两个向量 u 和 v，引入一个函数 $f(t)$：
$$f(t) = [u + tv, u + tv]$$
由内积的定义，我们知道 $f(t) \geqslant 0$.

另一方面，我们计算：
$$[u + tv, u + tv] = [u, u + tv] + t[v, u + tv]$$
$$= [u,u] + 2t[u,v] + t^2[v,v]$$
$$= |u|^2 + 2t[u,v] + t^2|v|^2$$

所以 $f(t)$ 是一个非负的关于变量 t 的二次多项式. 由此可知 $f(t) = 0$ 有一个重复的实数解或没解. 因而它的判别式
$$\Delta = \{2[u,v]\}^2 - 4|u|^2|v|^2 \leqslant 0$$
也就是
$$|[u,v]| \leqslant |u||v| \qquad \square$$

我们在习题 6 里会给出柯西-施瓦茨不等式的一些美妙的应用.

对任意两个非零向量 u 和 v，我们定义它们之间的夹角 θ（在 0 到 π 之间）满足

$$\cos\theta = \frac{[u,v]}{|u||v|}$$

习 题 6

1. 运用加法的结合律来证明向量加法的结合律.

2. 证明内积运算的分配律.

3. 求过 $A(1,2)$ 且垂直直线 $y=2x-5$ 的直线方程.

4. 证明：点 $P(x_0,y_0)$ 到直线 $Ax+By+C=0$ 的距离是

$$d = \frac{|Ax_0+By_0+C|}{\sqrt{A^2+B^2}}$$

5. （难度大）（1）验证坐标系中的三个点 $A(2,3)$，$B(1,4)$ 和 $C(-1,-1)$ 是否在同一条直线上.

（2）验证坐标系中的四个点 $A(2,3)$，$B(1,4)$，$C(3,-1)$ 和 $D(-2,-1)$ 是否在同一个圆周上.

（3）若坐标系中的四个点 $A(2,3)$，$B(1,4)$，$C(3,x)$ 和 $D(-2,-1)$ 在同一个圆周上，求 x 的值.

6. （复数运算）（1）验证 $\frac{\sqrt{2}}{2}+\frac{\sqrt{2}}{2}i$ 是 i 的平方根. 它是主平方根吗？

（2）解方程：$x^6=1$.

（3）假设 θ 是一个实数，证明：$|e^{i\theta}|=1$.

（4）给出一个 θ，使得 $|e^{i\theta}|=4$.

（5）对任意两个复数 z 和 w，证明：$|z\cdot w|\leqslant |z||w|$.

（6）比较复数的运算与二维向量的运算（加减、数乘、复数相乘与向量内积）.

7. （内积的应用）（1）计算：$(1,1)\cdot(x,y)$.

(2) 证明：$x+y \leqslant \sqrt{2(x^2+y^2)}$.

(3) 对任意两个 n 维向量 $\boldsymbol{x}=(x_1, x_2, \cdots, x_n)$ 和 $\boldsymbol{y}=(y_1, y_2, \cdots, y_n)$，定义
$$\boldsymbol{x} \cdot \boldsymbol{y} = x_1 y_1 + x_2 y_2 + \cdots + x_n y_n$$
证明这是一个内积.

(4) 对任意的 $2n$ 个实数 $x_1, x_2, \cdots, x_n$ 和 $y_1, y_2, \cdots, y_n$，证明：
$$x_1 y_1 + x_2 y_2 + \cdots + x_n y_n$$
$$\leqslant \sqrt{x_1^2 + x_2^2 + \cdots + x_n^2} \cdot \sqrt{y_1^2 + y_2^2 + \cdots + y_n^2}$$

(5) 研究柯西-施瓦茨不等式等号成立的情况.

(6) 阅读两组 n 维数据的相关性的定义，并与向量的夹角做比较.

第 7 章
圆锥曲线

本章要点

- 二次型函数
- 椭圆的定义和方程
- 椭圆的反射原理
- 抛物线的定义和方程
- 抛物线的反射原理
- 双曲线的定义和方程
- 双曲线的反射原理

7.1 二次多项式方程与圆锥曲线

数学里含 x 和 y 两个变量的二次型函数(quadratic form)具有如下的形式:

$$ax^2 + bxy + cy^2 + dx + ey + f = 0$$

这里 a, b, c, d, e, f 都是常数. 通过一个线性变换, 上述函数可以变为

$$Ax^2 + By^2 + Cx + Dy + E = 0 \qquad (7.1)$$

这里 A, B, C, D, E 是另外的常数. 在坐标系里上述函数所表达的曲线称作圆锥曲线. 我们后面会看到: 当 A, B 都大于 0 时, 它表示一个圆或椭圆(图 7.1(a)); 当 A, B 中一个大于 0, 一个小于 0 时, 它表示一条双曲线(图 7.1(b)); 当 A, B 中一个是 0, 一个不

是 0 时，它表示一条抛物线(图 7.1(c)).

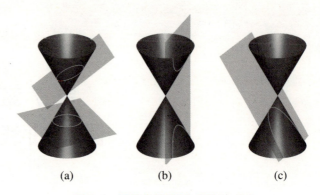

图 7.1　圆锥曲线(取自 Wikipedia)

7.2　椭圆

7.2.1　特殊的椭圆——圆

我们在第 5 章、第 6 章里介绍了圆的定义(定义 5.1) 以及它的标准方程(方程 (6.11))：
$$(x-a)^2 + (y-b)^2 = r^2$$
上式展开就是
$$x^2 + y^2 - 2ax - 2bx + a^2 + b^2 - r^2 = 0$$
同方程 (7.1) 相比，我们看到圆的方程里，$A = B$.

7.2.2　椭圆的定义及方程

> **定义 7.1** (椭圆)
>
> 在平面上给定两个点 A 和 B. 那么平面上所有到这两个点的距离之和为 $2a$ 的点的集合称为椭圆. 这两个固定的点 A 和 B 称为椭圆的两个焦点.

容易看出，假如点 A 和 B 重合，那么椭圆就是一个圆. 所以圆是一个特殊的椭圆.

我们在坐标系里推导椭圆的方程.

我们选一个好的坐标系（通过旋转和平移），使得两个焦点都在 x 轴上，并且坐标原点就是它们的中点. 我们假设它们的坐标分别为 $A(-c, 0)$，$B(c, 0)$（$c>0$）. 假设 $P(x, y)$ 是椭圆上的任意一点. 那么由椭圆的定义，我们有
$$PA + PB = 2a$$
由两点距离公式 (6.4) 可得
$$\sqrt{(x+c)^2 + y^2} + \sqrt{(x-c)^2 + y^2} = 2a$$
我们将一个平方根项移到右边：
$$\sqrt{(x+c)^2 + y^2} = 2a - \sqrt{(x-c)^2 + y^2}$$
两边平方并展开：
$$x^2 + 2cx + c^2 + y^2$$
$$= 4a^2 - 4a\sqrt{(x-c)^2 + y^2} + x^2 - 2cx + c^2 + y^2$$
化简，并将有根式的项移到左边，其他项移到右边，得
$$a\sqrt{(x-c)^2 + y^2} = a^2 - cx$$
两边平方并展开：
$$a^2 x^2 - 2a^2 cx + a^2 c^2 + a^2 y^2 = a^4 - 2a^2 cx + c^2 x^2$$
化简得
$$(a^2 - c^2)x^2 + a^2 y^2 = a^2(a^2 - c^2)$$
同方程 (7.1) 相比，我们看到椭圆的方程里 A 和 B 都大于 0.

我们定义
$$b = \sqrt{a^2 - c^2} \tag{7.2}$$
就能得到下面椭圆的标准方程：
$$\frac{x^2}{a^2} + \frac{y^2}{b^2} = 1 \tag{7.3}$$

从方程 (7.3) 可以看出，x 的取值范围是 $-a \leqslant x \leqslant a$，$y$ 的取值范围是 $-b \leqslant y \leqslant b$. 所以中心在原点的椭圆标准方程里有四个顶点：最左边的点 $(-a, 0)$、最右边的点 $(a, 0)$、最下边的点 $(0, -b)$ 以及最上边的点 $(0, b)$. 我们也称 a 为椭圆的长轴长，b 为椭圆的短轴

长(图 7.2).

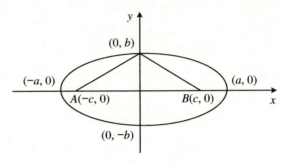

图 7.2 椭圆

同样可以计算出(课后习题)：若两个焦点在 y 轴上，$A(0, -c)$，$B(0, c)$，那么椭圆的方程就变成

$$\frac{x^2}{b^2} + \frac{y^2}{a^2} = 1$$

类似地，椭圆的两个焦点连线平行 x 轴，中点在 (x_0, y_0) 点的椭圆方程是

$$\frac{(x-x_0)^2}{a^2} + \frac{(y-y_0)^2}{b^2} = 1 \qquad (7.4)$$

椭圆的标准方程（7.3）有如下的参数方程：

$$\begin{cases} x = a\cos t \\ y = b\sin t \end{cases} \qquad (7.5)$$

这里参数的范围是 $0 \leqslant t \leqslant 2\pi$. 但图像上除了四个顶点外，其他点处不太容易看出参数 t 的值.

7.2.3 椭圆的几何意义

椭圆有一个非常突出的几何性质——反射原理：从它的一个焦点出发到椭圆的反射线一定过另外的焦点. 这个性质有很多的实际应用，比如音乐厅的建筑形状大都是椭圆形，它的表演厅大致在这些椭圆的焦点处.

我们把这个几何性质严格地用数学语言来表述并给予证明.

规律 7.1（椭圆的反射原理）

如图 7.3 所示，假设 DE 是椭圆的切线，切点是 C，A 和 B 是椭圆的两个焦点，那么 $\angle DCA = \angle ECB$.

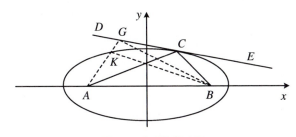

图 7.3 椭圆的切线

证明 任取切线上一点 G（图 7.3）. 由例 3.4 可知，我们只要证明：
$$AC + BC \leqslant AG + BG$$
连接 AG 交椭圆于 K 点. 由椭圆的定义，我们知道
$$AK + BK = AC + BC$$
由三角不等式，我们有
$$GK + GB \geqslant BK$$
因此有
$$AG + GB \geqslant AK + BK = AC + BC \quad \square$$

7.3 抛物线

定义 7.2（抛物线）

在平面上给定一条直线 l 和这条直线外的一个点 F. 那么平面上所有到这条直线与到这个点的距离相等的点的集合称为抛物线. 这个固定的点 F 称为抛物线的焦点，这条直线称为抛物线的准线（directrix）.

我们在坐标系里推导抛物线的方程.

我们选一个好的坐标系（通过旋转和平移），使得焦点都在 y 轴上，并且坐标原点就是焦点到直线 l 的中点. 我们假设直线方程是 $y = -\dfrac{p}{2}$（p 是一个正数），焦点的坐标为 $F\left(0, \dfrac{p}{2}\right)$. 假设 $P(x, y)$ 是抛物线上的任意一点，那么，由定义我们有

$$PF = P \text{ 到直线的距离}$$

即

$$\sqrt{x^2 + \left(y - \dfrac{p}{2}\right)^2} = \left| y + \dfrac{p}{2} \right|$$

两边平方并展开：

$$x^2 + y^2 - py + \dfrac{p^2}{4} = y^2 + py + \dfrac{p^2}{4}$$

化简，我们得到抛物线的标准方程：

$$x^2 = 2py \qquad (7.6)$$

同方程（7.1）相比，我们看到抛物线的方程里，$A > 0$，$B = 0$.

抛物线的标准方程的焦点坐标是 $\left(0, \dfrac{p}{2}\right)$，准线方程是 $y = -\dfrac{p}{2}$. 由方程（7.6）可见，x 的取值范围是 $-\infty < x < \infty$，y 的取值范围是 $0 \leqslant y < \infty$. 所以它有一个最下边的顶点：$(0, 0)$（图 7.4）.

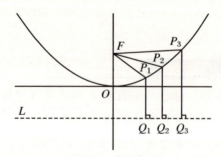

图 7.4　抛物线

同样可以计算出（课后习题）：若焦点在 x 轴上，即 $F\left(\dfrac{p}{2}, 0\right)$，准线方程是 $x = -\dfrac{p}{2}$（p 是正数），那么抛物线的方程就变成

$$y^2 = 2px$$

类似地，准线垂直 x 轴，焦点和准线的距离是 p，焦点和准线的中点在（x_0，y_0）点的抛物线方程是

$$(y - y_0)^2 = 2p(x - x_0)$$

准线垂直 y 轴，焦点和准线的距离是 p，焦点和准线的中点在（x_0，y_0）点的抛物线方程是

$$(x - x_0)^2 = 2p(y - y_0)$$

7.3.1 抛物线的反射原理

抛物线的切线也有一个非常突出的几何性质．这个性质也被广泛地应用（比如手电筒的设计、汽车后视镜的设计等等）．

我们将这个几何性质严格地用数学语言来表述（我们将它的证明留作练习）．

> **规律 7.2（抛物线的反射原理）**
>
> 如图 7.5 所示，假设 F 是抛物线的焦点．它的一条切线与抛物线相切于 A 点．A，B，D 是垂直于准线的直线上的三个点，那么，切线平分 $\angle FAB$．也就是：从焦点射出的光线经过抛物线的反射会沿平行于 y 轴的方向射出．

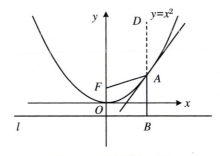

图 7.5 抛物线的反射

7.4 双曲线

> **定义 7.3（双曲线）**
>
> 在平面上给定两个点 F_1 和 F_2. 那么平面上所有到这两个点的距离之差的绝对值为 $2a$ 的点的集合称为双曲线. 两个固定的点 F_1，F_2 称为双曲线的两个焦点.

我们在坐标系里推导双曲线的方程.

我们选一个好的坐标系（通过旋转和平移），使得两个焦点都在 x 轴上，并且坐标原点就是它们的中点. 我们假设它们的坐标分别为 $F_1(-c, 0)$，$F_2(c, 0)$. 假设 $P(x, y)$ 是双曲线上的任意一点. 那么由双曲线定义，我们有

$$PF_1 - PF_2 = \pm 2a$$

即

$$\sqrt{(x+c)^2 + y^2} - \sqrt{(x-c)^2 + y^2} = \pm 2a$$

我们将一个平方根项移到右边：

$$\sqrt{(x+c)^2 + y^2} = \pm 2a - \sqrt{(x-c)^2 + y^2}$$

两边平方并展开：

$$x^2 + 2cx + c^2 + y^2$$
$$= 4a^2 \mp 4a\sqrt{(x-c)^2 + y^2} + x^2 - 2cx + c^2 + y^2$$

化简，并将有根式的项移到左边：

$$\pm a\sqrt{(x-c)^2 + y^2} = a^2 - cx$$

两边平方并展开：

$$a^2 x^2 - 2a^2 cx + a^2 c^2 + a^2 y^2 = a^4 - 2a^2 cx + c^2 x^2$$

化简得

$$(a^2 - c^2)x^2 + a^2 y^2 = a^2(a^2 - c^2)$$

我们注意到：这里 $c > a$.

同方程（7.1）相比，我们看到双曲线的方程里，$A<0$，$B>0$.

我们定义
$$b = \sqrt{c^2 - a^2} \qquad (7.7)$$
就能得到下面双曲线的标准方程：
$$\frac{x^2}{a^2} - \frac{y^2}{b^2} = 1 \qquad (7.8)$$

从方程（7.8）可以看出，x 的取值范围是 $x \leqslant -a$ 或 $x \geqslant a$，y 的取值范围是 $-\infty < y < \infty$. 所以中心在原点的标准双曲线方程里除了两个焦点 $(-c, 0)$ 和 $(c, 0)$ 以外，还有两个顶点：右边一支最左边的点 $(a, 0)$，左边一支最右边的点 $(-a, 0)$（图7.6）.

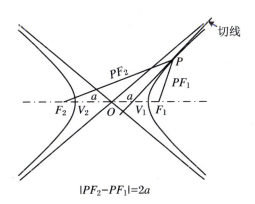

图 7.6　双曲线

同样可以计算出（课后习题）：若两个焦点在 y 轴上，$F_1(0, -c)$，$F_2(0, c)$，那么双曲线的方程就变成
$$\frac{y^2}{a^2} - \frac{x^2}{b^2} = 1$$

类似地，两个焦点连线平行 x 轴，中点在 (x_0, y_0) 点的双曲线方程是
$$\frac{(x-x_0)^2}{a^2} - \frac{(y-y_0)^2}{b^2} = 1$$

7.4.1 切线平分角

双曲线的切线也有类似的几何性质（我们这里略去

证明).

> **规律 7.3（双曲线的反射原理）**
>
> 如图 7.6 所示，假设 F_1，F_2 是双曲线的焦点，它的一条切线与双曲线相切于 P 点．那么，切线平分 $\angle F_1PF_2$．

习题 7

1. 计算两个焦点为 $A(0,-c)$，$B(0,c)$，长轴长为 a，短轴长为 b 的椭圆的方程．

2. 求焦点在 x 轴上，焦点是 $F\left(\dfrac{p}{2}, 0\right)$，准线方程为 $x=-\dfrac{p}{2}$（p 是正数）的抛物线的方程．

3. 求两个焦点为 $F_1(0,-c)$，$F_2(0,c)$，双曲线上的点到这两个焦点的距离之差为 $2a$ 的方程．

4. 试写出抛物线方程（7.6）所对应的参数方程．

5. 证明抛物线的反射原理（规律 7.2）．

6. 证明双曲线的反射原理（规律 7.3）．

第 8 章
矩阵简介

本章要点

- 矩阵的定义
- 矩阵的加减和数乘
- 矩阵的行列式
- 矩阵相乘及逆矩阵
- 代数余子式
- 用矩阵解方程组
- 新内积
- 数据的相关性

8.1 矩阵

矩阵的引入会让人们更快、更有效地完成计算问题．这些计算往往又可以借助计算机来完成．著名的 MATLAB 软件便是基于矩阵的运算．矩阵的一个直接的应用就是人们可以用数字矩阵来表示数字化的黑白照片．

8.1.1 矩阵的定义

在这本入门书里我们着重介绍 3×3 矩阵．主要原因是：

（1）2×2 矩阵太过于简单，不易于让我们介绍一般的规律；

(2) 4×4 或更大的矩阵计算量太大.

定义 8.1（3×3 矩阵）

一个 3×3 矩阵就是九个数 (a_{ij}) $(i=1, 2, 3; j=1, 2, 3)$，按下面排列方式给出：

$$\begin{pmatrix} a_{11} & a_{12} & a_{13} \\ a_{21} & a_{22} & a_{23} \\ a_{31} & a_{32} & a_{33} \end{pmatrix}$$

我们称 (a_{i1}, a_{i2}, a_{i3}) 为第 i 行；称 $\begin{pmatrix} a_{1j} \\ a_{2j} \\ a_{3j} \end{pmatrix}$ 为第 j 列.

为简便起见，我们有时也用 $(a_{ij})_{3\times 3}$ 来表示这个矩阵. a_{ij} 就是矩阵第 i 行、第 j 列上的元，简称矩阵的 (i, j) 元.

同样，我们可以定义其他类型的矩阵. 比如一个 2×3 矩阵：

$$\begin{pmatrix} b_{11} & b_{12} & b_{13} \\ b_{21} & b_{22} & b_{23} \end{pmatrix}$$

或一个 3×2 矩阵：

$$\begin{pmatrix} c_{11} & c_{12} \\ c_{21} & c_{22} \\ c_{31} & c_{32} \end{pmatrix}$$

尤其是向量 (a, b) 可以看作一个 1×2 矩阵.

定义 8.2（矩阵的转置）

给定一个矩阵 $\boldsymbol{A} = (a_{ij})$. 我们可以构造一个新的矩阵 $\boldsymbol{B} = (b_{ij})$，使得 $b_{ij} = a_{ji}$. 我们称这个新矩阵是矩阵 $\boldsymbol{A}$ 的转置矩阵，记作 $\boldsymbol{B} = \boldsymbol{A}^{\mathrm{T}}$.

8.1.2 矩阵的加减及数乘运算

矩阵的加减及数乘同向量的加减及数乘的定义一脉

相承. 给定两个 $m \times n$ 矩阵 $A = (a_{ij})$ 和 $B = (b_{ij})$,我们首先来看矩阵的加法.

定义 8.3（矩阵加法）

给定两个 $m \times n$ 矩阵 $A = (a_{ij})$ 和 $B = (b_{ij})$,我们定义它们的和是
$$A + B = (a_{ij} + b_{ij})$$

简单地说,矩阵相加就是相应的 (i, j) 元相加. 同数的相加一样,容易验证:矩阵加法也遵循交换律和结合律的代数运算法则.

规律 8.1（矩阵加法的交换律）

给定两个 $m \times n$ 矩阵 $A = (a_{ij})$ 和 $B = (b_{ij})$,那么
$$A + B = B + A$$

规律 8.2（矩阵加法的结合律）

给定三个 $m \times n$ 矩阵 $A = (a_{ij})$,$B = (b_{ij})$ 和 $C = (c_{ij})$,那么
$$(A + B) + C = A + (B + C)$$

最后,我们引入矩阵的数乘(scalar product,也称作矢量相乘)的概念.

定义 8.4（矩阵的数乘及减法）

给定任意一个实数 λ 和任意 $m \times n$ 矩阵 $A = (a_{ij})$,定义
$$\lambda A = (\lambda a_{ij})$$
假如 $m \times n$ 矩阵 $B = (b_{ij})$,我们定义矩阵减法如下:
$$A - B = A + (-1 \cdot B) = (a_{ij} - b_{ij})$$

由以上定义,我们得到更一般的公式:对任意的两个实数 α,β 和两个 $m \times n$ 矩阵 $A = (a_{ij})$ 和 $B = (b_{ij})$,有

$$\alpha\boldsymbol{A} + \beta\boldsymbol{B} = (\alpha a_{ij} + \beta b_{ij}) \quad (8.1)$$

8.1.3 正方矩阵的行列式

在介绍矩阵的乘除之前，我们先介绍矩阵的行列式．给定矩阵

$$\boldsymbol{A} = \begin{pmatrix} a_{11} & a_{12} & a_{13} \\ a_{21} & a_{22} & a_{23} \\ a_{31} & a_{32} & a_{33} \end{pmatrix}$$

我们定义它的行列式（determinant），用 $|\boldsymbol{A}|$ 或 $\det(\boldsymbol{A})$ 来表示，

$$|\boldsymbol{A}| = \begin{vmatrix} a_{11} & a_{12} & a_{13} \\ a_{21} & a_{22} & a_{23} \\ a_{31} & a_{32} & a_{33} \end{vmatrix}$$

$$= a_{11}a_{22}a_{33} - a_{11}a_{23}a_{32} + a_{12}a_{23}a_{31} - a_{12}a_{21}a_{33}$$
$$+ a_{13}a_{21}a_{32} - a_{13}a_{22}a_{31}$$

以上的定义有一定的规律，但是还是比较难记住．我们下面介绍用拉普拉斯展开的方式来计算矩阵的行列式．

首先来看一个 2×2 矩阵的行列式怎么算．给定矩阵

$$\boldsymbol{B} = \begin{pmatrix} b_{11} & b_{12} \\ b_{21} & b_{22} \end{pmatrix}$$

它的行列式定义为

$$|\boldsymbol{B}| = \begin{vmatrix} b_{11} & b_{12} \\ b_{21} & b_{22} \end{vmatrix}$$
$$= b_{11}b_{22} - b_{12}b_{21}$$
$$= b_{11}b_{22} + b_{12} \cdot (-1)^{1+2} b_{21}$$

我们来看怎么从原来的 2×2 矩阵得到 b_{22} 和 b_{21} 的．

如果我们把矩阵 $\boldsymbol{B}$ 的 b_{11} 元所在的行（第一行）和所在的列（第一列）划掉，就得到一个 1×1 矩阵（b_{22}），我们记它的行列式为 M_{11}．我们称 M_{11} 是 b_{11} 的余子式（minor）．我们自然定义 1×1 矩阵的行列式就是它本身，也就是 $M_{11} = b_{22}$．同样，我们可以得到 b_{12} 的余子

式 $M_{12} = (b_{21})$. 进一步，我们称
$$C_{ij} = (-1)^{i+j} M_{ij}$$
为 b_{ij} 的代数余子式 (cofactor). 所以，2×2 矩阵 B 的行列式也可以用下面的式子来计算：
$$|B| = b_{11} C_{11} + b_{12} C_{12}$$
我们称上式为行列式第一行的拉普拉斯展开. 容易验证，2×2 矩阵 B 的行列式可以通过任意一行或任意一列的拉普拉斯展开来计算：

$|B| = b_{11} b_{22} - b_{12} b_{21}$ （定义）

$ = b_{11} C_{11} + b_{12} C_{12}$ （第一行的拉普拉斯展开）

$ = b_{21} C_{21} + b_{22} C_{22}$ （第二行的拉普拉斯展开）

$ = b_{11} C_{11} + b_{21} C_{21}$ （第一列的拉普拉斯展开）

$ = b_{12} C_{12} + b_{22} C_{22}$ （第二列的拉普拉斯展开）

再看 3×3 矩阵 A 的行列式，我们可以验证：

$|A| = a_{11} C_{11} + a_{12} C_{12} + a_{13} C_{13}$

$ = a_{i1} C_{i1} + a_{i2} C_{i2} + a_{i3} C_{i3}$

最后一个等式是任意 i 行的拉普拉斯展开.

一个矩阵的行列式不为零的话，我们称它是正则矩阵；一个矩阵的行列式为零的话，我们称它是奇异矩阵.

8.1.4 矩阵的乘除运算

我们来定义一个 $n \times k$ 矩阵 $A = (a_{ij})$ 同一个 $k \times m$ 矩阵 $B = (b_{ij})$ 的乘积. 我们定义这两个矩阵乘积 AB 的 (i, j) 元为
$$p_{ij} = \sum_{l=1}^{k} a_{il} b_{lj} = a_{i1} b_{1j} + a_{i2} b_{2j} + \cdots + a_{il} b_{lj}$$

例 8.1 假设
$$A = \begin{pmatrix} 1 & 1 \\ 0 & 1 \end{pmatrix}, \quad B = \begin{pmatrix} 1 & 0 \\ 1 & 1 \end{pmatrix}$$
求 AB 和 BA.

解 直接计算：

$$AB = \begin{pmatrix} 1\cdot 1+1\cdot 1 & 0\cdot 1+1\cdot 1 \\ 1\cdot 0+1\cdot 1 & 1\cdot 0+1\cdot 1 \end{pmatrix} = \begin{pmatrix} 2 & 1 \\ 1 & 1 \end{pmatrix}$$

$$BA = \begin{pmatrix} 1\cdot 1+0\cdot 0 & 1\cdot 1+0\cdot 1 \\ 1\cdot 1+1\cdot 0 & 1\cdot 1+1\cdot 1 \end{pmatrix} = \begin{pmatrix} 1 & 1 \\ 1 & 2 \end{pmatrix} \qquad \square$$

注意 从上面的例子中，我们看到：矩阵的乘法并不满足交换律.

在介绍矩阵的除法之前，我们先看矩阵的逆. 我们称对角元为 1、其他元为 0 的 $n \times n$ 矩阵为单位矩阵，记作 I. 由定义容易验证，对任意的一个 $n \times n$ 矩阵 M，总有 $MI = IM = M$.

> **定义 8.5（矩阵的逆）**
>
> 给定一个 $n \times n$ 方阵 A. 假如有一个矩阵 B，使得
> $$AB = BA = I$$
> 那么 A 是一个可逆矩阵，它的逆矩阵就是 B. 我们习惯上记 A 的逆矩阵为 A^{-1}.

每个正则矩阵都有一个逆矩阵. 可以证明（这里我们跳过这个命题的证明），一个 3×3 正则矩阵 $A = (a_{ij})$ 的逆矩阵 A^{-1} 由下式给出：

$$A^{-1} = \frac{1}{|A|} \begin{pmatrix} C_{11} & C_{21} & C_{31} \\ C_{12} & C_{22} & C_{32} \\ C_{13} & C_{23} & C_{33} \end{pmatrix} \qquad (8.2)$$

这里的 C_{ij} 是 a_{ij} 的代数余子式.

我们给出例子来解释如何计算一个正则矩阵的逆矩阵.

例 8.2 假设一个 2×2 矩阵

$$A = \begin{pmatrix} a & b \\ c & d \end{pmatrix}$$

是正则的，也就是说 $|A| = ad - bc \neq 0$. 求 A^{-1}.

解 容易看出
$$C_{11} = d, \quad C_{12} = -c, \quad C_{21} = -b, \quad C_{22} = a$$
所以

$$A^{-1} = \frac{1}{ad-bc} \cdot \begin{pmatrix} d & -b \\ -c & a \end{pmatrix}$$

$$= \begin{pmatrix} \dfrac{d}{ad-bc} & -\dfrac{b}{ad-bc} \\ -\dfrac{c}{ad-bc} & \dfrac{a}{ad-bc} \end{pmatrix} \qquad \square$$

例 8.3 假设 3×3 矩阵

$$A = \begin{pmatrix} 1 & 1 & 1 \\ 1 & -1 & 1 \\ 2 & 0 & 3 \end{pmatrix}$$

求 A^{-1}.

解 我们先计算 $|A|$. 用第三行的拉普拉斯展开,

$$|A| = 2 \cdot \begin{vmatrix} 1 & 1 \\ -1 & 1 \end{vmatrix} - 0 + 3 \cdot \begin{vmatrix} 1 & 1 \\ 1 & -1 \end{vmatrix}$$

$$= 4 - 6 = -2$$

再来算代数余子式：

$$C_{11} = \begin{vmatrix} -1 & 1 \\ 0 & 3 \end{vmatrix} = -3, \quad C_{12} = -\begin{vmatrix} 1 & 1 \\ 2 & 3 \end{vmatrix} = -1$$

$$C_{13} = \begin{vmatrix} 1 & -1 \\ 2 & 0 \end{vmatrix} = 2, \quad C_{21} = -\begin{vmatrix} 1 & 1 \\ 0 & 3 \end{vmatrix} = -3$$

$$C_{22} = \begin{vmatrix} 1 & 1 \\ 2 & 3 \end{vmatrix} = 1, \quad C_{23} = -\begin{vmatrix} 1 & 1 \\ 2 & 0 \end{vmatrix} = 2$$

$$C_{31} = \begin{vmatrix} 1 & 1 \\ -1 & 1 \end{vmatrix} = 2, \quad C_{32} = -\begin{vmatrix} 1 & 1 \\ 1 & 1 \end{vmatrix} = 0$$

$$C_{33} = \begin{vmatrix} 1 & 1 \\ 1 & -1 \end{vmatrix} = -2$$

所以

$$A^{-1} = \begin{pmatrix} \dfrac{3}{2} & \dfrac{3}{2} & -1 \\ \dfrac{1}{2} & -\dfrac{1}{2} & 0 \\ -1 & -1 & 1 \end{pmatrix} \qquad \square$$

有了矩阵的逆，我们就可以定义矩阵的除法.

> **定义 8.6（矩阵的除法）**
>
> 给定两个 $n \times n$ 方阵 A 和 B. 假如矩阵 B 是一个正则矩阵，那么矩阵的除法就定义为
> $$A \div B = AB^{-1}$$

8.2 线性方程组

考虑一个 3×3 的线性方程组

$$\begin{cases} x + y + z = 4 \\ x - y + z = 2 \\ 2x + 3z = 7 \end{cases} \quad (8.3)$$

在《代数与计算入门》里，我们学习了如何用替代法和消元法解方程组. 这里我们来看机器是如何解它的.

8.2.1 线性方程组的矩阵表示

我们首先把方程组（8.3）用矩阵表示出来.
首先验证：

$$\begin{pmatrix} 1 & 1 & 1 \\ 1 & -1 & 1 \\ 2 & 0 & 3 \end{pmatrix} \cdot \begin{pmatrix} x \\ y \\ z \end{pmatrix} = \begin{pmatrix} x+y+z \\ x-y+z \\ 2x+3z \end{pmatrix}$$

我们记

$$A = \begin{pmatrix} 1 & 1 & 1 \\ 1 & -1 & 1 \\ 2 & 0 & 3 \end{pmatrix}, \quad X = \begin{pmatrix} x \\ y \\ z \end{pmatrix}, \quad V = \begin{pmatrix} 4 \\ 2 \\ 7 \end{pmatrix}$$

我们习惯上称 A 为系数矩阵，X 为未知向量，V 为已知向量. 那么，方程组（8.3）就可以写成

$$AX = V \quad (8.4)$$

8.2.2 机器解法

假如在方程（8.4）里 A 矩阵是正则的，那么我们在上面方程两端左乘 A^{-1} 就得到方程（8.4）的解：

$$X = A^{-1}V$$

所以，要解方程（8.3），我们首先计算系数矩阵的行列式 $|A|$. 若 $|A| \neq 0$，那么我们可以用式（8.2）来计算它的逆矩阵，从而可得到解.

例 8.4 解线性方程组（8.3）.

解 首先来求系数矩阵的逆矩阵. 由例 8.3，我们知道

$$A^{-1} = \begin{pmatrix} \dfrac{3}{2} & \dfrac{3}{2} & -1 \\ \dfrac{1}{2} & -\dfrac{1}{2} & 0 \\ -1 & -1 & 1 \end{pmatrix}$$

所以

$$X = \begin{pmatrix} \dfrac{3}{2} & \dfrac{3}{2} & -1 \\ \dfrac{1}{2} & -\dfrac{1}{2} & 0 \\ -1 & -1 & 1 \end{pmatrix} \cdot \begin{pmatrix} 4 \\ 2 \\ 7 \end{pmatrix} = \begin{pmatrix} 2 \\ 1 \\ 1 \end{pmatrix} \qquad \square$$

8.3 平面向量的一般内积

给定一个矩阵（以后我们会学到，这类矩阵叫作正定矩阵）

$$A = \begin{pmatrix} 1 & 0 \\ 0 & 2 \end{pmatrix}$$

我们来看如何由它在二维向量里定义另一个内积. 这个新内积会导致新情况的发生.

记任意两个二维向量 $u=(u_1, u_2)$,$v=(v_1, v_2)$. 它们也可以看作 $1×2$ 矩阵. 定义新内积

$$(u,v)_{\text{new}} = uAv^{\text{T}}$$
$$= (u_1, 2u_2) \cdot \begin{pmatrix} v_1 \\ v_2 \end{pmatrix}$$
$$= u_1 v_1 + 2 u_2 v_2$$

我们在例 6.8 里已经验证了它是一个内积.

我们来看这个新的内积是如何带给人们一个"新"视角的. 给出两个二维向量 $u=(1, 1)$,$v=(1, -1)$. 用经典的欧几里得空间的内积(见定义 6.3),我们知道这两个向量是互相垂直的. 但是,用新的内积,我们计算:

$$(u,v)_{\text{new}} = 1 - 2 = -1$$

它们并不互相垂直!

我的笔记　　　日期：

8.4　深度阅读：内积在统计中的应用——无关，还是相关？

为简便起见,我们将所发生的事件用二维向量来代替. 给定两个向量 $u=(u_1, u_2)$ 和 $v=(v_1, v_2)$. 在

一定的社会条件(比如说法律、伦理、社会关系以及人们的视角、观点等等)下，向量与向量之间有相互作用，我们称之为向量的内积，记作 $\langle u, v \rangle$. 由这个作用关系我们能计算向量与向量之间的夹角. 若夹角为零，我们就称这两个向量是完全相关的；若夹角为 90°，也就是这两个向量互相垂直的话，我们就称它们是无关的.

事实上，假如我们记向量 u 和 v 之间的夹角为 θ 的话，我们可以用下面的式子来计算 θ：

$$\cos\theta = \left\langle \frac{1}{|u|}u, \frac{1}{|v|}v \right\rangle$$

这里 $|u| = \sqrt{\langle u, u \rangle}$ 是向量 U 的长度，$|v| = \sqrt{\langle v, v \rangle}$ 是向量 v 的长度. 当然我们这里只考虑不平凡的向量，也就是说，我们假定 u 和 v 的长度都大于零.

由柯西－施瓦茨不等式可得：对任意两个向量 u 和 v，有

$$\left\langle \frac{1}{|u|}u, \frac{1}{|v|}v \right\rangle \leqslant 1$$

并且上式等号成立当且仅当 $\frac{1}{|u|}u = \frac{1}{|v|}v$，即 $u /\!/ v$. 通俗地讲，完全相关的事件(所夹角度为零)总是完全相关的，不管你用什么观点来看.

我们来看无关性. 用一个具体的例子：考虑两个向量

$$U = \left(\frac{\sqrt{2}}{2}, \frac{\sqrt{2}}{2}\right) \quad \text{和} \quad V = \left(\frac{\sqrt{2}}{2}, -\frac{\sqrt{2}}{2}\right)$$

使用常用的平面向量的点积 $U \cdot V = u_1 v_1 + u_2 v_2$，我们得到

$$U \cdot V = \frac{1}{2} - \frac{1}{2} = 0$$

它们是无关的.

我们换一个内积. 对任意两个向量 $u = (u_1, u_2)$

和 $v = (v_1, v_2)$，定义新的内积

$$\langle u, v \rangle_{\text{new}} = u_1 v_1 + 2 u_2 v_2$$

那么使用新的内积，U 和 V 的长度分别是

$$|U|_{\text{new}} = \frac{\sqrt{6}}{2}, \quad |V|_{\text{new}} = \frac{\sqrt{6}}{2}$$

所以

$$\left\langle \frac{1}{|U|_{\text{new}}} U, \frac{1}{|V|_{\text{new}}} V \right\rangle_{\text{new}} = \frac{1}{3} - \frac{2}{3} = -\frac{1}{3} \neq 0$$

通俗地讲，无关的事件换一个角度来看可能就不是无关的了.

进一步地，对任意一个整数 k，我们可以引入一个与 k 有关的新内积：

$$\langle u, v \rangle_k = k u_1 v_1 + u_2 v_2$$

那么使用这个新内积，U 和 V 的长度分别是

$$|U|_k = \sqrt{\frac{k+1}{2}}, \quad |V|_k = \sqrt{\frac{k+1}{2}}$$

所以

$$\left\langle \frac{1}{|U|_k} U, \frac{1}{|V|_k} V \right\rangle_k = \frac{k}{k+1} - \frac{1}{k+1} = \frac{k-1}{k+1}$$

可以看出，当 k 变得越来越大时，两个向量的夹角会越来越逼近 $0°$！通俗地讲，两个无关的事件随着事态（内积）的发展会变得密切相关了（夹角越来越靠近 $0°$）.

习题 8

1. 计算：

(1) $3 \begin{pmatrix} 1 & 1 & 1 \\ 1 & -1 & 1 \\ 2 & 0 & 3 \end{pmatrix} - 2 \begin{pmatrix} 1 & 1 & 1 \\ 1 & -1 & 1 \\ 2 & 0 & 3 \end{pmatrix}$；

(2) $\begin{pmatrix} 1 & 2 \\ 0 & 1 \end{pmatrix} \cdot \begin{pmatrix} 1 & 0 \\ 2 & 1 \end{pmatrix}$；

(3) $\begin{pmatrix} 1 & 0 \\ 2 & 1 \end{pmatrix} \cdot \begin{pmatrix} 1 & 2 \\ 0 & 1 \end{pmatrix}$;

(4) $\begin{pmatrix} 0 & 1 & 1 \\ 0 & 0 & 1 \\ 0 & 0 & 0 \end{pmatrix}^3$.

2. 计算行列式

(1) $\begin{vmatrix} 3 & 1 & 2 \\ 1 & 0 & 5 \\ 2 & 0 & 3 \end{vmatrix}$;

(2) $\begin{vmatrix} 3 & 1 & 2 \\ 1 & -1 & 5 \\ 2 & 1 & 4 \end{vmatrix}$.

3. 计算下列逆矩阵：

(1) $\begin{pmatrix} 3 & 1 & 2 \\ 1 & 0 & 5 \\ 2 & 0 & 3 \end{pmatrix}^{-1}$;

(2) $\begin{pmatrix} 3 & 1 & 2 \\ 1 & -1 & 5 \\ 2 & 1 & 4 \end{pmatrix}^{-1}$.

4. 解下列方程组：

(1) $\begin{cases} 3x + y + 2z = 1, \\ x + 5z = 2, \\ 2x + 3z = 3; \end{cases}$

(2) $\begin{cases} 3x + y + 2z = 3, \\ x - y + 5z = 2, \\ 2x + y + 4z = -1. \end{cases}$

5. （**加强题**）给定矩阵 $A = \begin{pmatrix} 1 & 1 \\ 1 & 2 \end{pmatrix}$，对任意两个二维向量

$$u = (u_1, u_2), \quad v = (v_1, v_2)$$

定义 $(u, v)_n = uAv^T$.

(1) 证明 $(\cdot, \cdot)_n$ 是一个内积.

(2) 试给出两个互相垂直的长度为 1 的向量.

(3) 使用这个新内积,证明:对应于柯西-施瓦茨不等式的代数不等式,任给四个实数 x,y,a 和 b,都有
$$(a+b)x + (a+2b)y \leq \sqrt{x^2 + 2xy + 2y^2} \cdot \sqrt{a^2 + 2ab + 2b^2}$$

附录
致 孩 子

On Children（致孩子）
Kahlil Gilbran（纪伯伦）
——匿名译

Your children are not your children.	你的孩子,并不是你的孩子.
They are the sons and daughters of Life's longing for itself.	他们是生命对于自身渴望而诞生的孩子.
They come through you but not from you, and though they are with you, yet they belong not to you.	他们借助你来到这世界,却非因你而来, 他们在你身旁,却并不属于你.
You may give them your love but not your thoughts. For they have their own thoughts.	你可以给予他们的是你的爱, 而不是你的想法, 因为他们有自己的思想.
You may house their bodies but not their souls. For their souls dwell in the house of tomorrow. which you cannot visit, not even in your dreams.	你可以庇护的是他们的身体. 而不是他们的灵魂. 因为他们的灵魂属于明天, 属于你做梦也无法到达的明天.
You may strive to be like them,	你可以拼尽全力,变得像他们一样,

but seek not to make them like you.
For life goes not backward
nor tarries with yesterday.

You are the bows from which your children
as living arrows are sent forth.
The archer sees the mark upon the path
of the infinite,
and He bends you with His might
His arrows may go swift and far.

Let your bending in the archer's hand
be for gladness;
For even as he loves the arrow that flies,
so He loves also the bow that is stable.

却不要让他们变得和你一样.
因为生命不会后退，也不在过去停留.

你是弓，儿女是从你那里射出的箭.
弓箭手望着未来之路上的箭靶，
他用尽力气将弓拉开，
使他的箭射得又快又远.

怀着快乐的心情，
在弓箭手的手中弯曲吧；
因为他爱一路飞翔的箭，
也爱无比稳定的弓.

索 引

半径 006
比例关系式 001
毕达哥拉斯定理 046

参数方程 076
长度 006
充要条件 047
垂线 074
垂心 053
垂直平分线 053

单位圆的面积 012
等边三角形 032
等腰三角形 032
笛卡儿坐标系 004
  x 坐标 004
  y 坐标 004
  单位长度 004
  原点 004
  正方向 004
棣莫弗公式 080
多边形 024
  面积 025

外角和 027
周长 025

费马点 054
复数 077
  虚数 077
  主次方根 077
  主辐角 080

奇、偶函数 061
角度 007
  补角 015
  对顶角 015
  钝角 007
  弧度 008
  内错角 015
  平角 007，015
  锐角 007
  同旁内角 015
  同位角 015
  圆周角 007
  直角 007
角平分线 053

镜面反射原理 035
矩阵 098
 代数余子式 101
 单位矩阵 102
 矩阵乘积 101
 矩阵的 (i,j) 元 098
 矩阵的加减 099
 矩阵的数乘 099
 矩阵的行列式 100
 矩阵的行与列 098
 矩阵的转置 098
 逆矩阵 102
 奇异矩阵 101
 正则矩阵 101
距离 005, 006

两点间距离公式 070

面积 008

内心 053

欧拉公式 080

平行线 024

全等 029

三角不等式 035
三角函数 049
 余切函数 049
 余弦函数 049
 正切函数 049

正弦函数 049
三角形的内角和 026
三角形的外角和 026
三角形全等 031
 边边边全等判定定理 033
 边角边全等判定定理 031
 对应量 031
 角角边全等判定定理 034
数学证明 016
 反证法 016
 逆反命题的证明 016
 数学归纳法 016
 直接证明 016

特殊的直角三角形 048

外心 053

希罗-秦九韶公式 053
相似 040
相似三角形 041
 边边边相似判定定理 045
 边角边相似判定定理 044
 角角相似判定定理 043
 平行线线段比 043
向量 065
 垂直判定 071
 分量 065
 高维向量 065
 加法 066
 夹角 070
 内积 069
 数乘 067

位置向量 068
向量函数 076
象限 062
斜边中线定理 047

一般三角函数 060
余弦定理 052
圆 055
　　半径 055
　　割线 058
　　切线 058
　　弦 056
　　弦切角 059
　　相交弦比例关系 057
　　相切和相交线段的比例关系 059
　　圆心 055
　　圆心角 056
　　圆周 056
　　圆周角 056
　　直径 056
圆的参数方程 076
圆的方程 074
圆周率 006
圆锥曲线 087
　　二次型函数 087

　　反射原理 091，093，096
　　抛物线 091
　　双曲线 094
　　椭圆 088

正弦定理 051
直角三角形 045
　　勾、股、弦 046
　　斜边 046
　　直角边 046
直径 006
直线 014
　　平行线 014
　　射线 006
　　线段 006
直线方程 072
　　点斜式 073
　　法向量 073
　　法向式 074
　　两点式 073
　　斜率 073
中线 042
重心 053
周期函数 061
坐标系 004